Această carte este a mea:

DK | Penguin Random House

My Encyclopedia of Very Important Things

Ediție publicată pentru prima oară în limba engleză
de Dorling Kindersley Limited
80 Strand, London, WC2R 0RL

Editor de proiect James Mitchem
Design Lisa Robb, Charlotte Milner, Hannah Moore, Claire Patanè, Samantha Richiardi, Sadie Thomas
Lector de specialitate Gill Pitts
Design copertă Charlotte Milner

LITERA micǎ

Editura Litera
O.P. 53; C.P. 212, sector 4, București, România
tel.: 021 319 63 90; 031 425 16 19; 0752 548 372
e-mail: comenzi@litera.ro
www.litera.ro

Prima mea enciclopedie cu lucruri foarte importante
• *Geografie* • *Istorie* • *Astronomie* • *Anatomie*
• *Științele naturii*

Traducere din limba engleză: Gabriela Trășculescu

Editor: Vidrașcu și fiii
Redactor: Justina Bandol
Corector: Mihaela Banu
Copertă: Andreea Apostol
Tehnoredactare și prepress: Mariana Dumitru

Descrierea CIP a Bibliotecii Naționale a României
Prima mea enciclopedie cu lucruri foarte importante;
trad.: Gabriela Trășculescu. – București: Litera, 2017
ISBN 978-606-33-1672-2
I. Trășculescu, Gabriela (trad.)
821.134.2 – 34 = 135.1

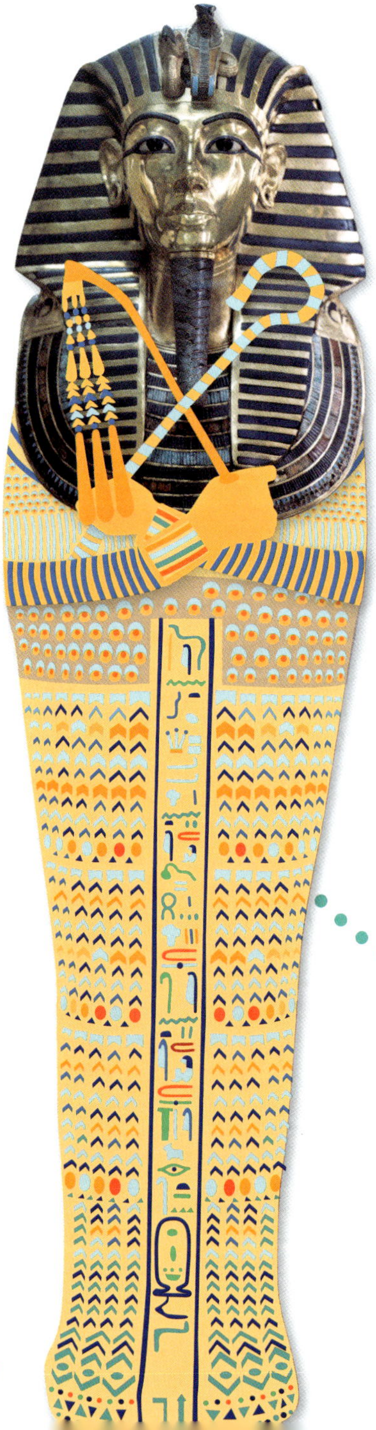

Prima mea ENCICLOPEDIE cu lucruri FOARTE IMPORTANTE

• Geografie • Istorie • Astronomie
• Anatomie • Științele naturii

Cuprins

Lucruri foarte importante despre **planeta mea**

10 Locul nostru **în spațiu**
12 **Pământul** nostru
14 Încotro e **spațiul**?
16 **Cerul nopții**
18 Sub **valuri**
20 **Munții**
22 **Vulcani** în flăcări
24 Tremur și **cutremur**
26 **Deșerturi** pustii
28 **Pădurile** tropicale
30 **Apă** călătoare
32 Cum **cresc** plantele?
34 **Anotimpurile** anului
36 **Vremea** la extreme
38 **Vântul** și **Soarele**

Lucruri foarte importante despre **locuri**

42 Cele **7** continente
44 Ilustrate din **America de Nord**
46 Ilustrate din **America de Sud**
48 Ilustrate din **Africa**
50 Ilustrate din **Europa**
52 Ilustrate din **Asia**
54 Ilustrate din **Australia**
56 Ilustrate din **Antarctica**

Lucruri foarte importante despre **animale**

60 Ce sunt **animalele**?

62 **Dinozaurii** de odinioară

64 Mii de **mamifere**

66 **Pești** pitorești

68 **Păsări** pestrițe

70 **Reptile** solzoase

72 **Amfibieni** adaptabili

74 **Gângănii** grozave

76 De la omidă la **fluture**

78 **Habitatul** animalelor

80 De la un **pol** la **altul**

82 **Călător**... la fermă

84 **Călător**... în munți

86 Animale de **deșert**

88 **Călător**... pe câmpiile din Africa

90 Uriașa **balenă albastră**

92 **Rechini** robuști

94 **Primate** poznașe

96 Specii **rapide**

98 Feline **mari**

100 Animale **de noapte**

102 **Țestoasa** și **iepurele**

Lucruri foarte importante despre **oameni**

106 **Oamenii** primitivi
108 **Descoperiri** timpurii
110 Epoca **faraonilor**
112 **China** antică
114 **Aborigenii**
116 **Romani** aproape moderni
118 Vin **vikingii**!
120 Indigenii **americani**
122 Băștinașii **americani**
124 Sărbători și **festivaluri**
126 Bravi **exploratori**
128 **Inventatori** importanți
130 Oameni de **știință**
132 Călătorii pe **uscat**
134 Călătorii pe **mare**
136 Călătorii prin **aer**
138 **Turnuri** triumfale
140 Vreau să mă fac **astronaut!**
142 Primii pași pe **Lună**

Lucruri foarte importante despre **mine**

146 **Corpul** uman
148 **Sângele** meu
150 **Senzați**-onal
152 **Creierul** meu
154 Ora de **culcare**
156 **Mâncare** bună
158 Să **comunicăm**!
160 Miracolul **muzicii**
162 **Artele** plastice
164 Cum să te faci **bine**
166 **Animale** de companie
168 **Numere** haioase
170 Măsurăm **timpul**
172 **Greierele** și **furnica**

Iată acum **alte** câteva lucruri foarte importante

176 „**Bună ziua!**”... și „**La revedere!**”

178 **Culori** de curcubeu

180 **Forme** frumoase

182 **Fructe** cu fibre

184 **Legume**

186 Să **numărăm**!

188 Să **înmulțim**!

190 **Măsurători**

192 Semne **zodiacale**

194 Zodiacul **chinezesc**

196 **Pietre** prețioase

198 **Nori** năzdrăvani

200 **Instrumente** muzicale

202 **Vehicule** speciale

204 **Insectar**

206 Descoperă **dinozaurii**

208 **Ouă** extraordinare

210 **Pui de** animale

212 **Steaguri** naționale

214 **Top 10**: Țări

216 **Top 10**: Lumea

218 **Top 10**: Animale

220 **Indice**

224 **Mulțumiri**

Lucruri foarte importante

despre **planeta mea**

Pământul e casa noastră minunată. E acoperit de păduri dese, de deșerturi uscate și de întinse oceane albastre (atât de întinse, încât Pământul pare albastru din spațiu). Pământul e singura planetă pe care știm că există viață și de aceea e un **loc deosebit**!

Locul nostru **în spațiu**

Planeta noastră (Pământ) face parte dintr-un grup de opt planete numit **sistemul solar**.

Ce sunt planetele?

Planetele sunt obiecte mari și rotunde din spațiu, compuse din roci sau din substanțe gazoase. Majoritatea **orbitează** (se învârt) în jurul unei stele.

Între Marte și Venus plutesc niște bolovani uriași, care formează o „centură de asteroizi".

Noi locuim aici.

Soarele

Soarele este o stea. Fără căldura lui nu ar putea supraviețui nicio plantă, animal sau om. E valabil și pentru tine!

Sistemul solar e atât de mare, că până și planetele care par aproape unele de altele sunt, de fapt, FOARTE depărtate.

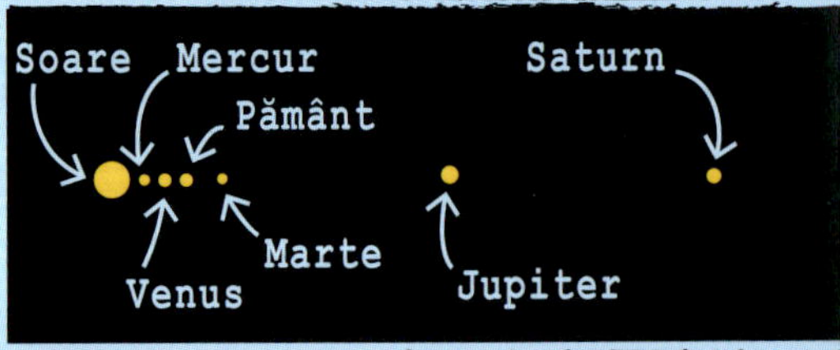

Inelele lui Saturn sunt formate din GHEAȚĂ și PRAF.
Neptun
Uranus
Uranus e diferită de celelalte planete pentru că se rotește pe o parte.
Saturn
Ne-ar lua ani de zile să ajungem la marginea sistemului solar.
Planetele SE ROTESC în timp ce se mișcă în jurul Soarelui.
Din câte se știe, Pământul e singura planetă pe care există viață.
Jupiter
Neptun
Uranus

Pământul nostru

Pământul are nevoie de un an pentru a înconjura o dată Soarele.

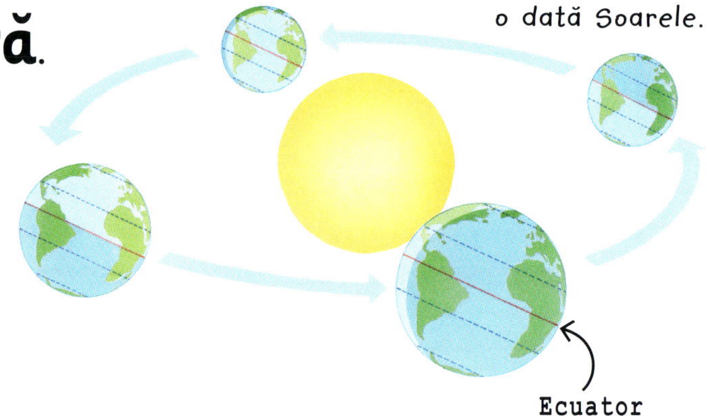

Pământul este **planeta noastră**. În cea mai mare parte, este acoperit de oceane. Restul îl ocupă întinderile de pământ.

Când o parte a Pământului e îndreptată spre Soare, acolo e zi.

Unde dispare Soarele noaptea?

Pământul se rotește tot timpul și Soarele luminează diferite părți ale planetei. De aceea avem zi și noapte.

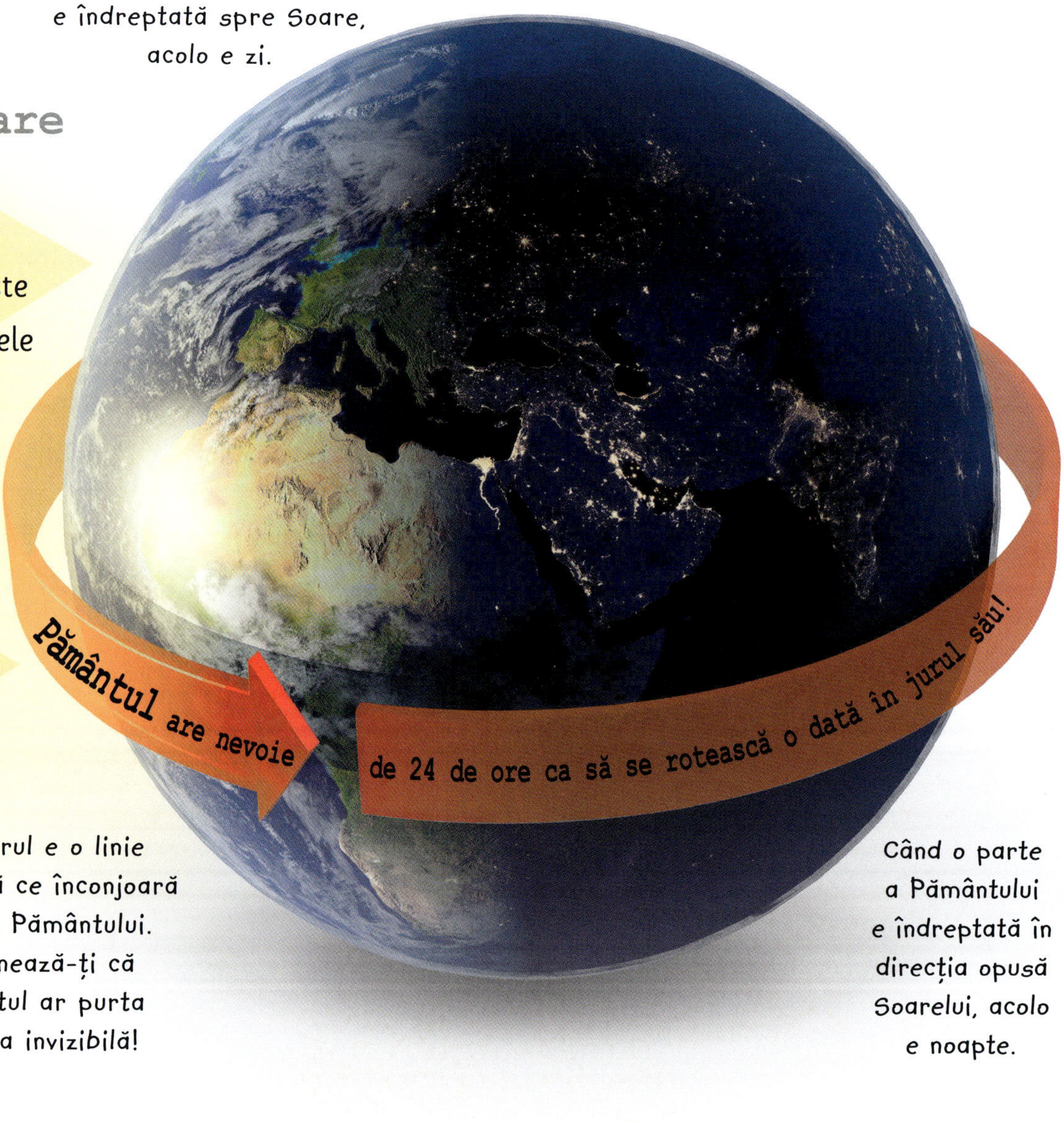

Ecuatorul e o linie imaginară ce înconjoară mijlocul Pământului. Imaginează-ți că Pământul ar purta o curea invizibilă!

Când o parte a Pământului e îndreptată în direcția opusă Soarelui, acolo e noapte.

Înăuntrul Pământului

Sub învelișul extern al Pământului (**scoarța**) există **trei straturi**, toate extrem de fierbinți.

Pământul s-a format acum 4,5 miliarde de ani!

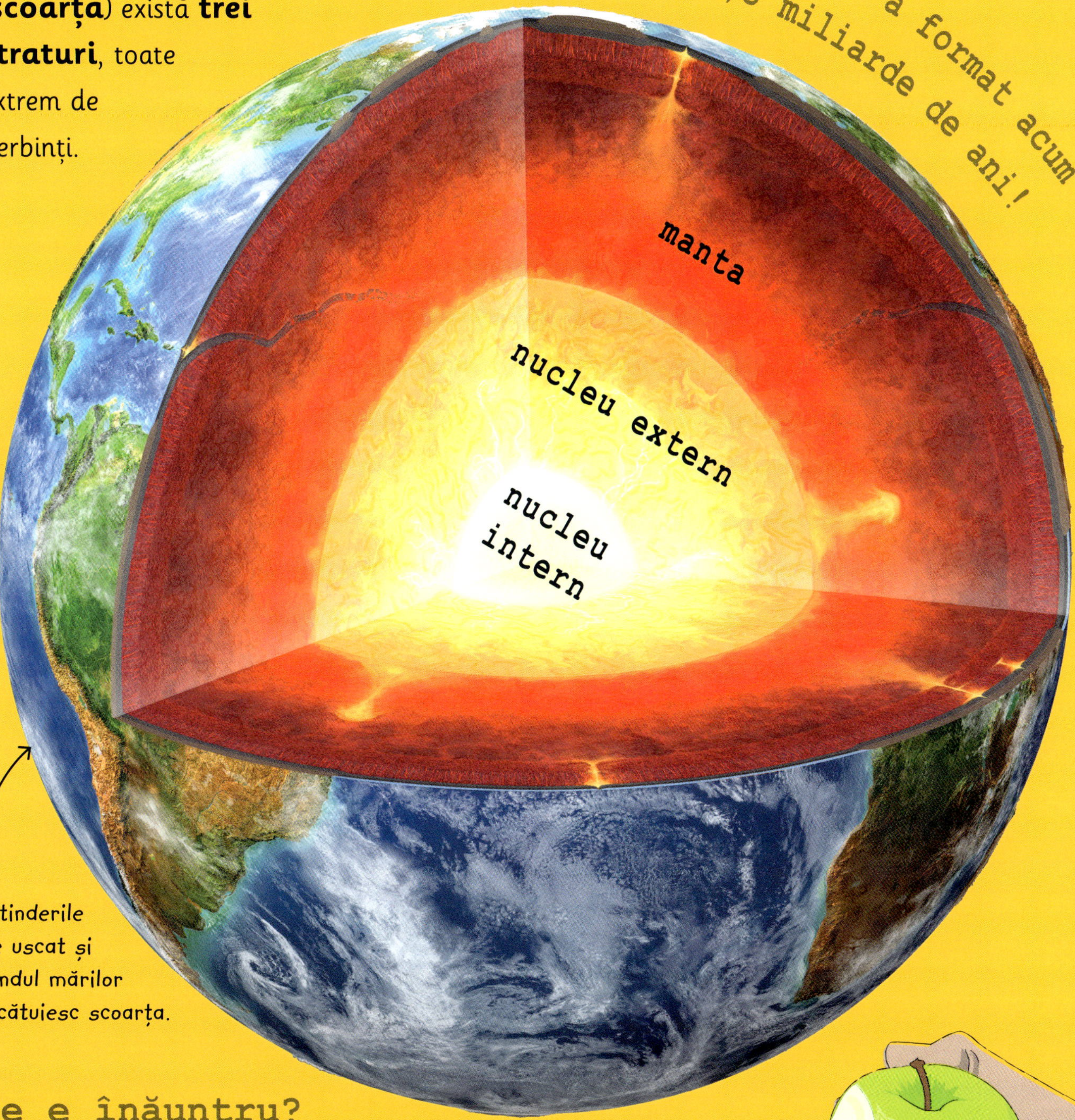

Întinderile de uscat și fundul mărilor alcătuiesc scoarța.

Ce e înăuntru?

În **manta** găsim în general roci tari, în **nucleul extern** – metale și minerale lichide, iar în **nucleul intern** – metale și minerale solide.

Dacă Pământul ar fi un măr, scoarța lui ar fi groasă cât coaja mărului.

Încotro e **spațiul**?

Dacă ai putea merge cu mașina drept în sus, ți-ar trebui cam o oră ca să ajungi în spațiu. Până acolo ai trece prin cinci straturi de aer, care formează **atmosfera**.

Exosferă

Ultimul strat al atmosferei nu se sfârșește brusc. El **se pierde** treptat în spațiu.

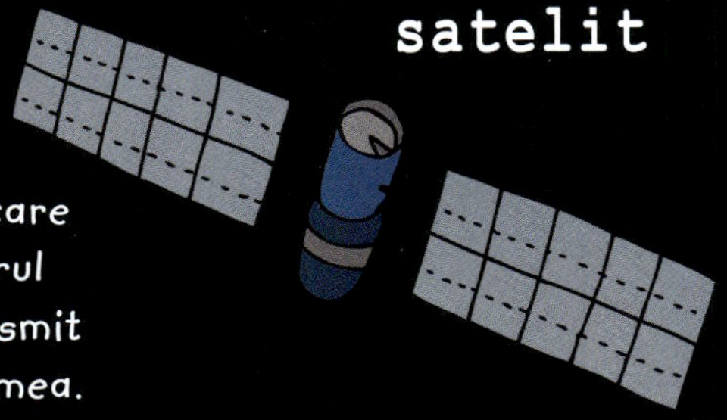

satelit

Aici sunt sateliții care se învârtesc în jurul Pământului. Ei transmit semnale în toată lumea.

Termosferă

Oamenii de știință spun că **spațiul** începe de aici. Acest strat se află mult, MULT deasupra Pământului.

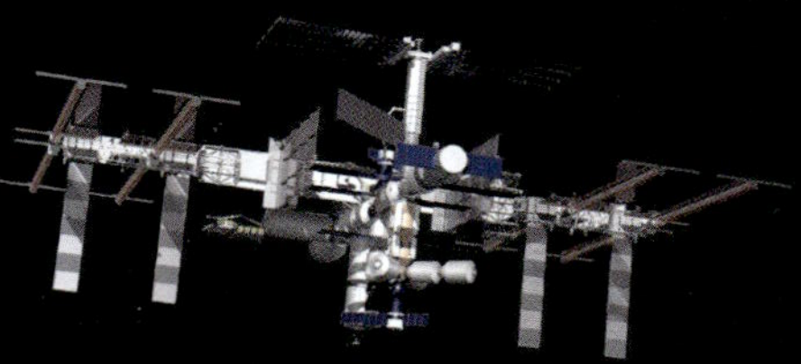

Stația Spațială Internațională

Stația spațială e atât de mare, încât uneori poate fi văzută de pe pământ.

auroră boreală

Poți vedea spectacolul aurorei boreale din locuri apropiate de Polul Nord sau de Polul Sud.

Mezosferă

Brr! Aerul de aici este rece **ca gheața**. Partea superioară a mezosferei e cel mai rece loc din lume.

Stratosferă

Aici se află **stratul de ozon**, care ne protejează de razele Soarelui.

Troposferă

În stratul de jos al atmosferei se produc **fenomenele meteorologice**.

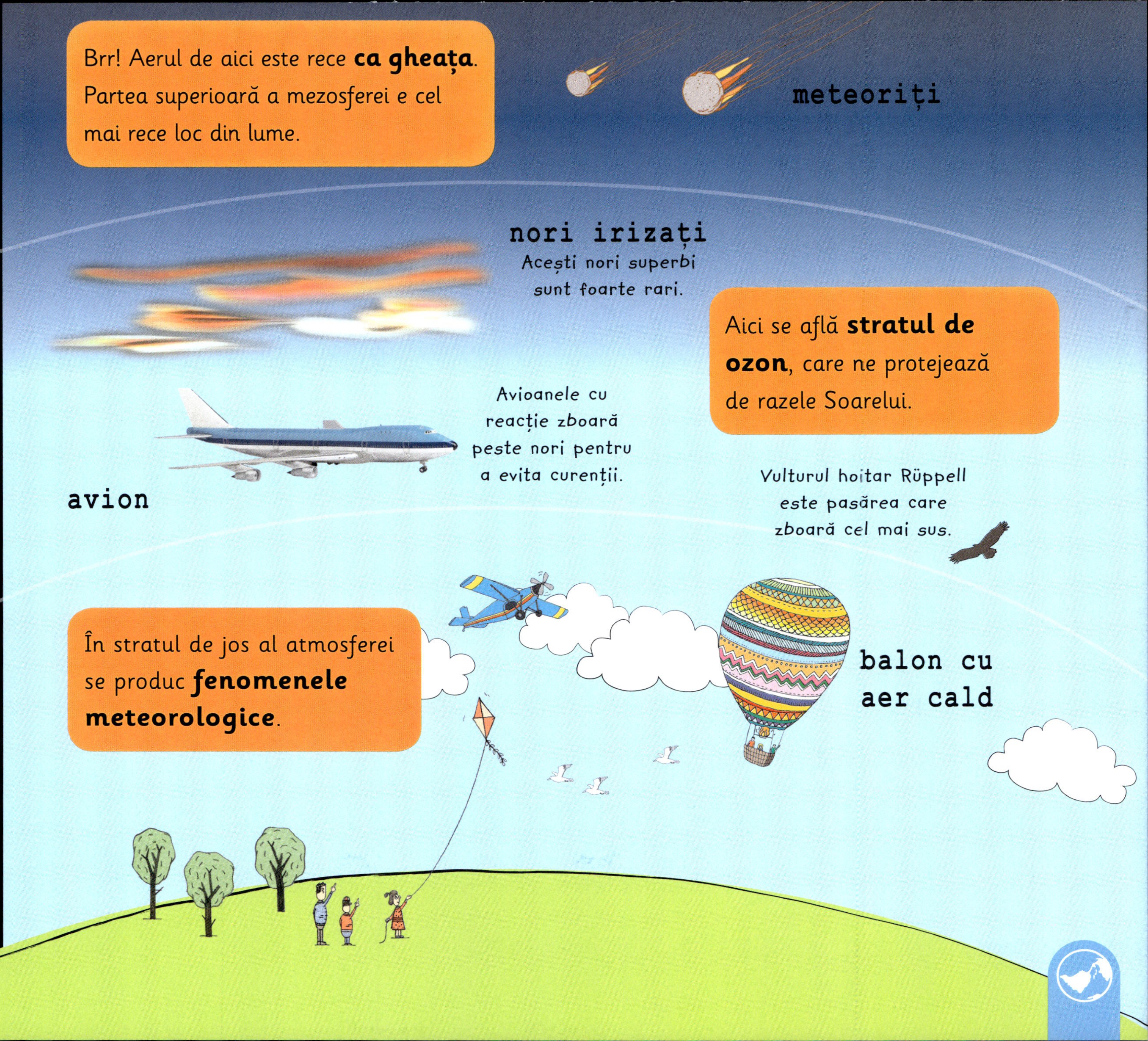

Cerul nopții

În timp ce se află în spațiu astronauții pot locui pe Stația Spațială Internațională.

Dacă privești spre cer într-o noapte senină, poți vedea numeroase lumini pâlpâitoare. Însă nu toate sunt stele.

Luna e vizibilă numai pentru că reflectă lumina de la Soare.

Luna

Nimic nu e mai ușor de zărit pe cerul nopții decât Luna. Astronauții au pășit pe Lună. Urmele lor de tălpi vor rămâne pe suprafața ei milioane de ani, deoarece acolo nu există vânt sau alte fenomene meteo.

Fazele Lunii

Te-ai întrebat vreodată de ce Luna pare să își schimbe forma? Deoarece lumina Soarelui o atinge în **unghiuri diferite** în timp ce Luna se rotește în jurul Pământului. Există 8 faze principale.

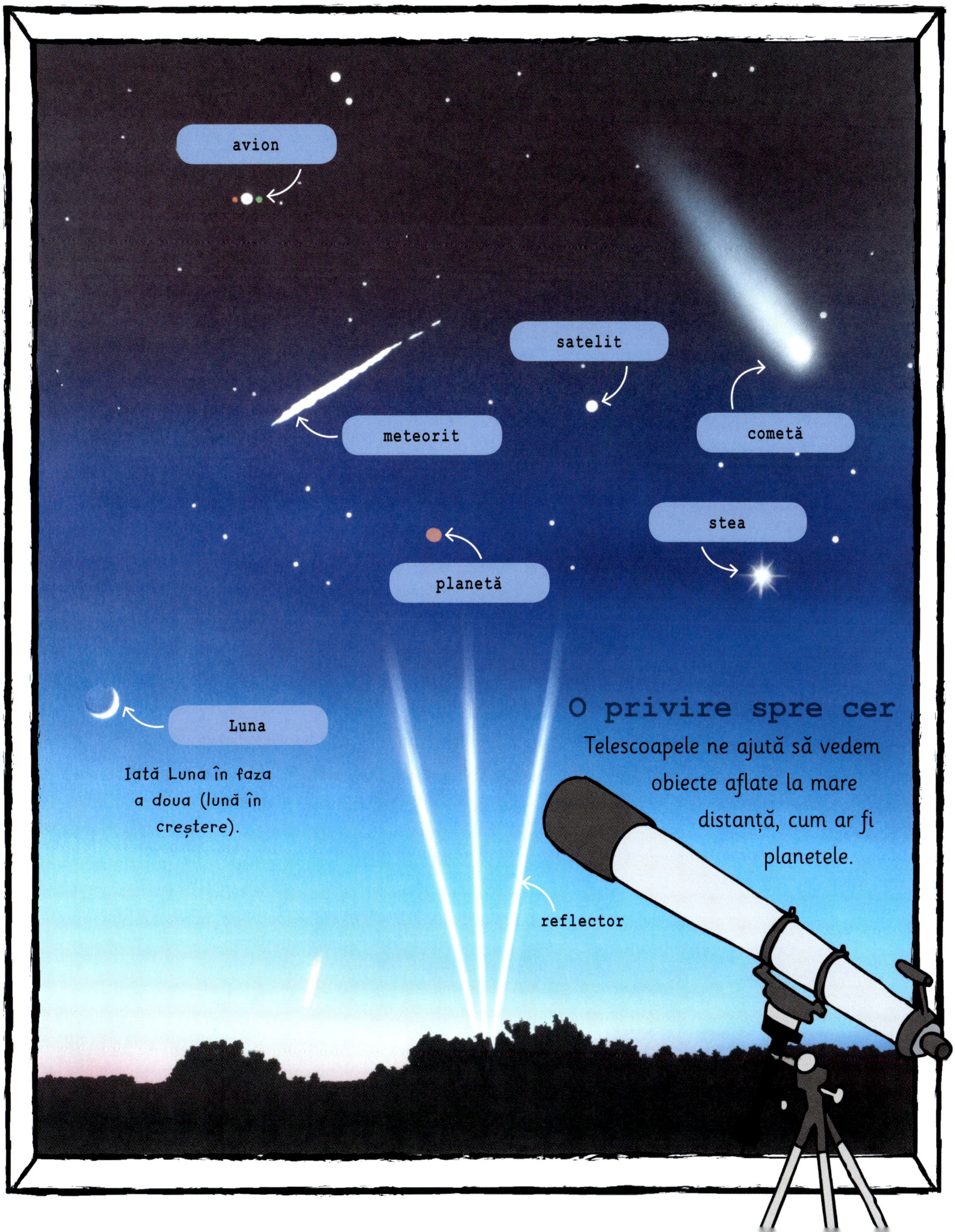

O privire spre cer

Telescoapele ne ajută să vedem obiecte aflate la mare distanță, cum ar fi planetele.

Sub valuri

De la suprafață până pe fundul apei, oceanele sunt pline de viață. Ele pot fi împărțite în patru **zone**. Haideți să facem o scufundare și să învățăm despre fiecare zonă în parte.

O mulțime de pești și de alte viețuitoare marine sunt foarte viu colorate.

Zona luminoasă

Ce de culori! Majoritatea viețuitoarelor marine trăiesc aproape de suprafață, căci au nevoie de **lumină** și **căldură** de la Soare.

Zona crepusculară

Brrr! În adânc e **mai frig** și **mai întuneric**. Aici nu cresc plante pentru că nu pătrunde suficientă lumină.

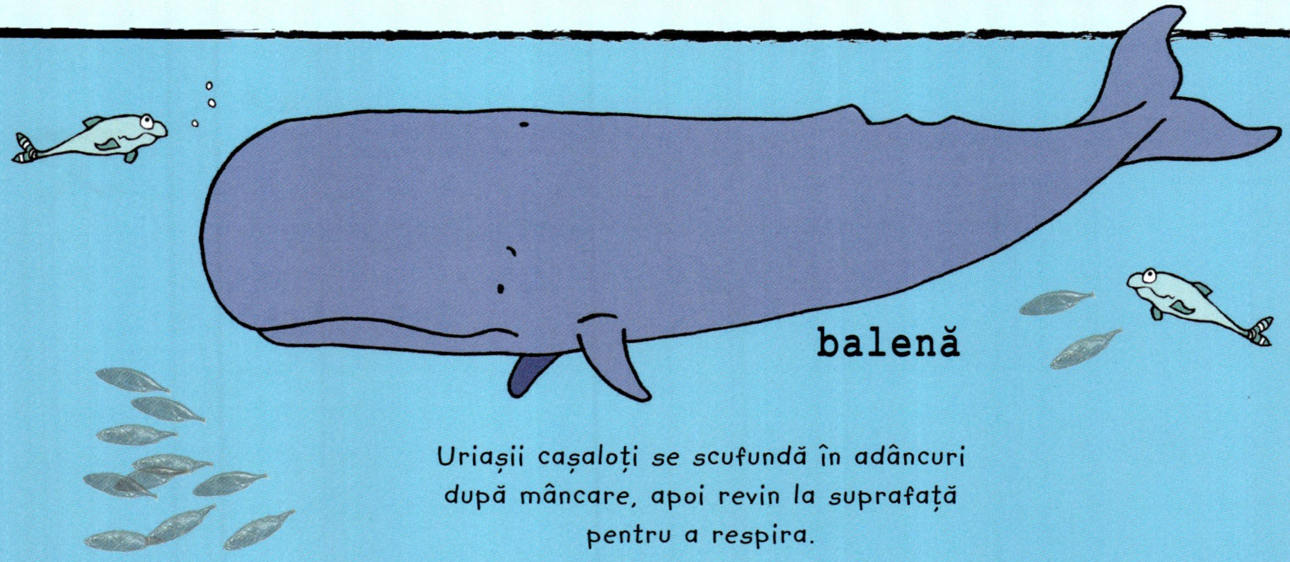

Uriașii cașaloți se scufundă în adâncuri după mâncare, apoi revin la suprafață pentru a respira.

Zona întunecată

Cu cât cobori mai adânc, cu atât găsești mai puține animale. Cele care trăiesc aici sunt special **adaptate** la frig și întuneric.

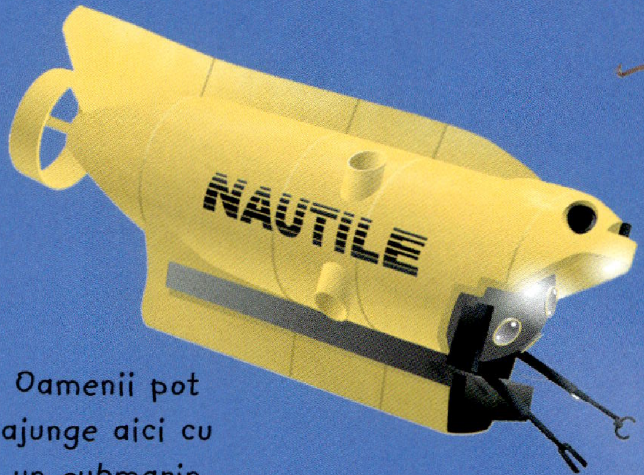

Oamenii pot ajunge aici cu un submarin special.

caracatiță Dumbo

anghilă-pelican

Am un fel de ghimpe lung pe cap, care emite lumină. Cu el atrag prada, apoi o mestec cu dinții mei înfricoșători!

pește-undițar

Zona abisală

Zonele **cele mai adânci** ale oceanului sunt atât de întunecoase și greu de explorat, încât oamenii de știință știu foarte puține despre ele!

Munții

Țâșnind din pământ, **MĂREȚII** munți se înalță spre cer. Vârfurile impunătoare ilustrate aici se numesc cele **șapte piscuri**.

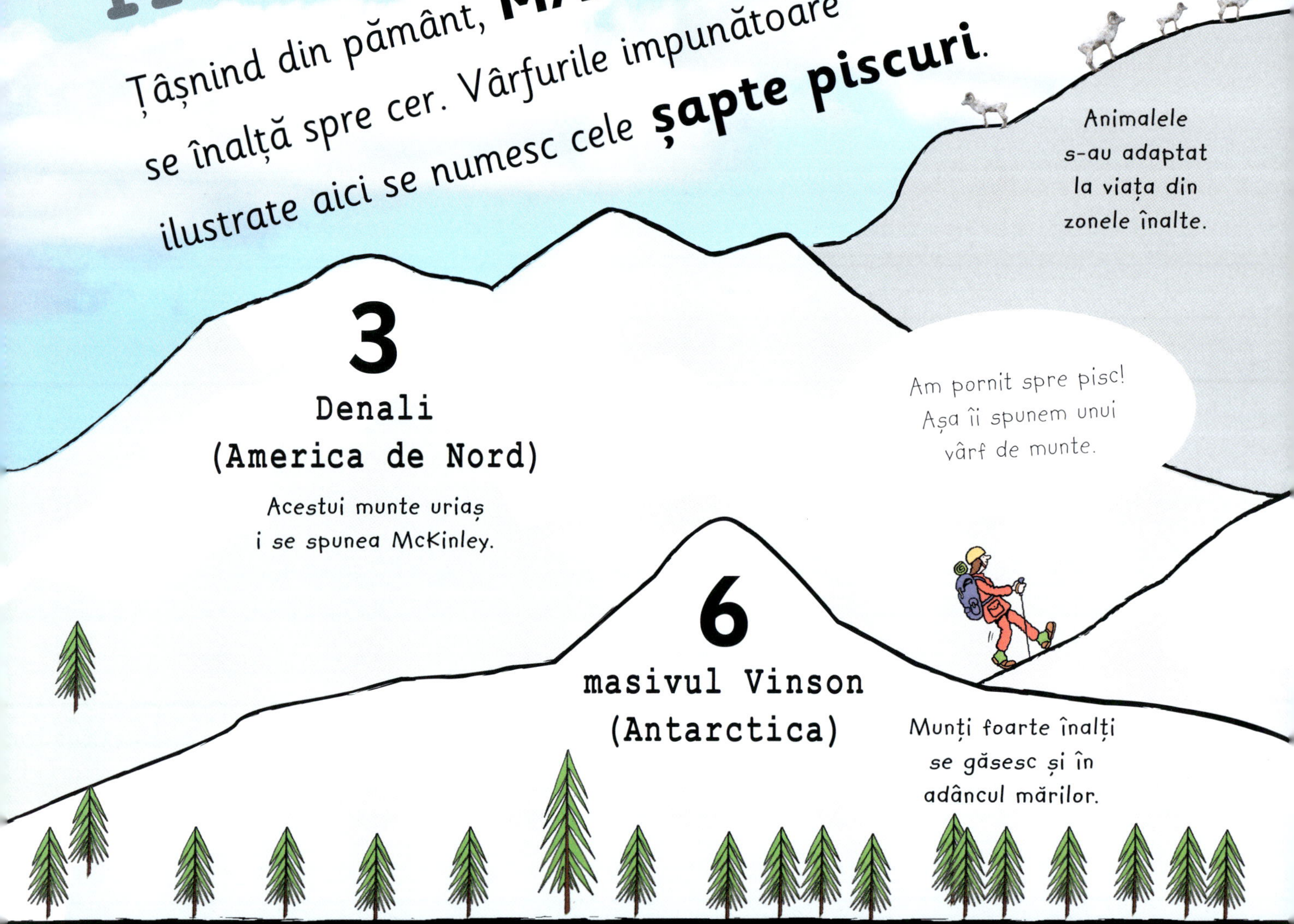

Cum iau naștere munții?

Timp de milioane de ani, plăcile (bucățile) care formează scoarța terestră se ciocnesc, împingând pământul în sus.

Plăcile încep să se împingă.

Aventurieri de admirat

În 1953, Sir Edmund Hillary și Tenzing Norgay au fost primii oameni care au ajuns pe vârful Everest.

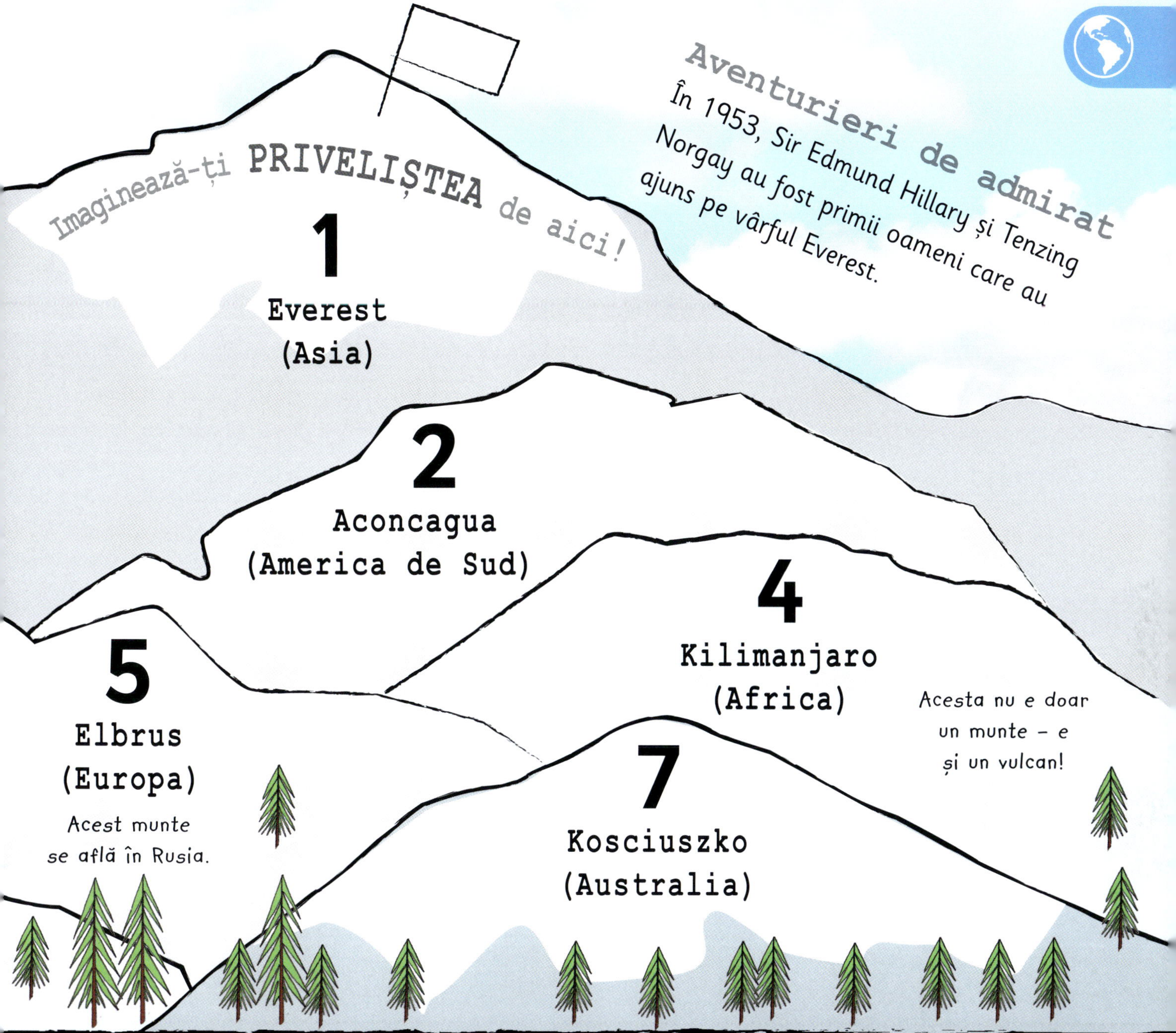

După mult, mult timp se înalță primii munți!

Plăcile continuă să se izbească, încrețind scoarța Pământului.

Vulcani în flăcări

Vulcanii sunt munți ce au un **miez** aprins în adâncul lor. Când erup, **lava** fierbinte țâșnește la suprafață, creând un spectacol uluitor (dar foarte periculos).

Lava e FOARTE fierbinte.

Erupțiile

Pot trece mulți ani fără ca unii vulcani să erupă. Aceștia sunt vulcani **adormiți**. Alții erup tot timpul!

Rocă uriașă aruncată de un vulcan

Erupțiile aruncă în aer cenușă și praf.

Ce este lava?

E un **amestec de roci topite** din adâncul Pământului, care țâșnește dintr-un vulcan. E așa de fierbinte, încât distruge totul în cale.

Lava se scurge la vale pe distanțe lungi înainte de a se întări și a se răci.

Cei mai mulți vulcani se află în **mare**. Când erup, lava se poate așterne în strat gros, formând **insule**.

Tremur și cutremur

Cutremurele de pământ sunt **huruituri** și **zguduituri** ale Pământului. În general, ele nu fac niciun rău, dar uneori pot fi foarte periculoase, provocând mari distrugeri.

Planeta-puzzle

Pământul poate părea un pietroi uriaș, însă, de fapt, scoarța lui e formată din bucăți mișcătoare numite **plăci**, care se unesc ca niște piese de puzzle.

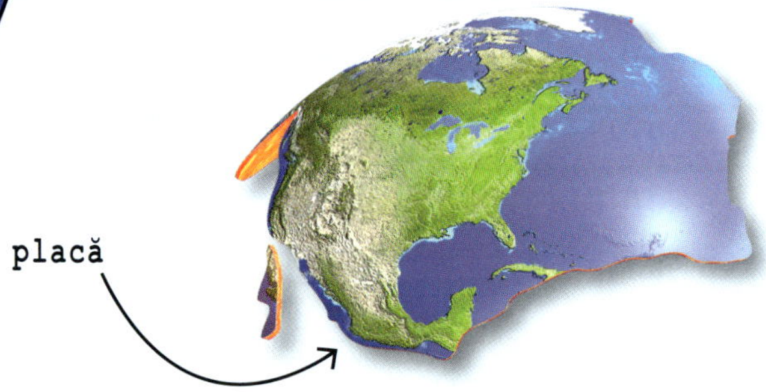

Scara Richter

Cutremurele se măsoară pe așa-numita „scară Richter". Cu cât numărul pe scară e mai mare, cu atât cutremurul e mai puternic.

intensitate mică (1)

Cutremure ușoare se produc tot timpul, însă cele mai multe sunt prea slabe ca să le simțim.

Care e cauza?

Când plăcile terestre se freacă între ele, apăsarea poate produce un cutremur, zguduind pământul de deasupra.

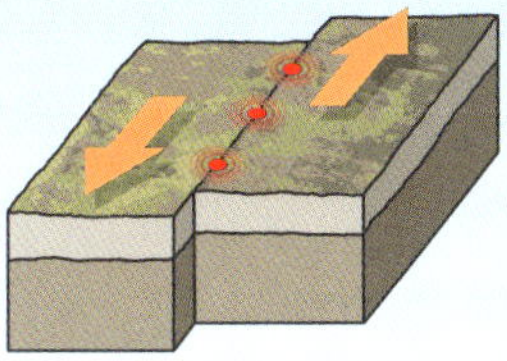

Plăcile din scoarța Pământului se îmbină, dar se mișcă tot timpul foarte ușor...

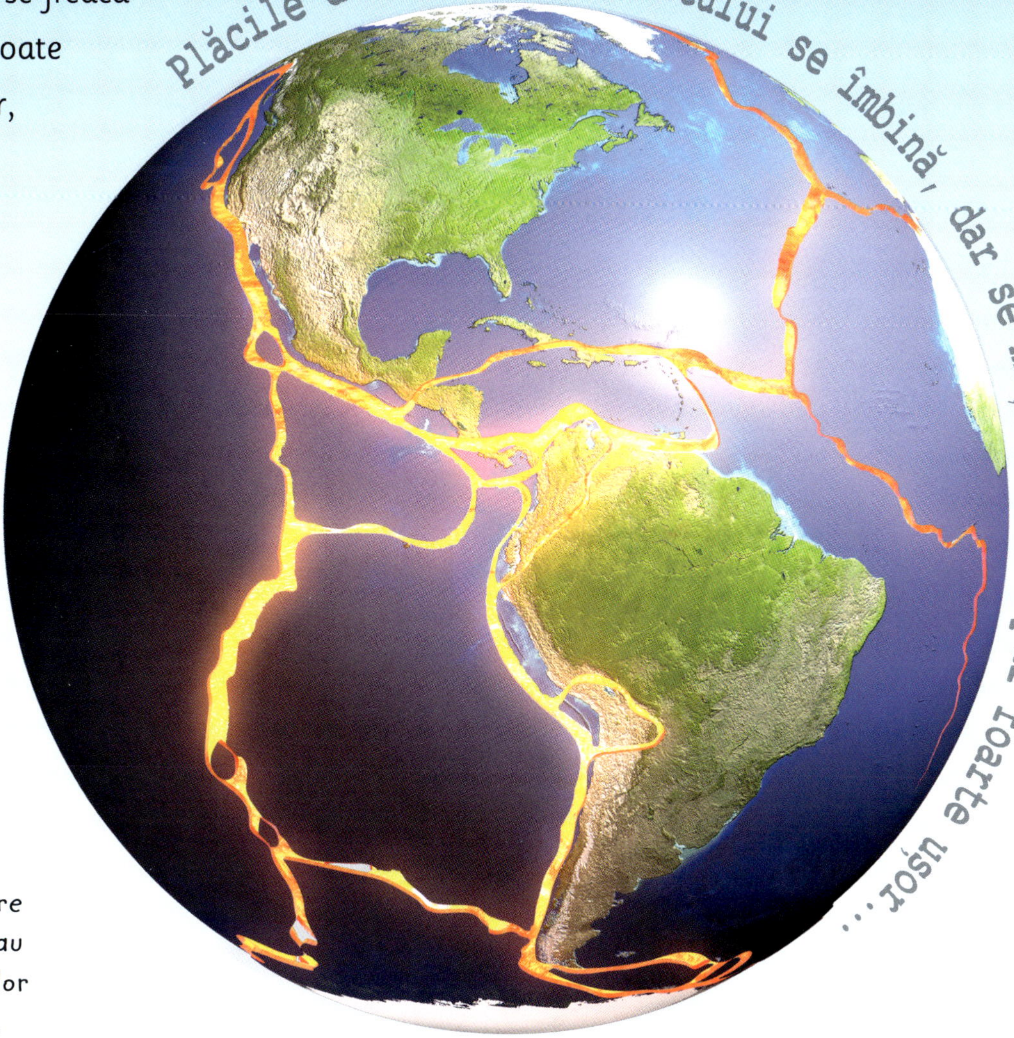

Cutremurele produse în mare pot provoca tsunami (valuri uriașe).

Tot plăcile care se ciocnesc dau naștere munților și vulcanilor.

intensitate medie (4)

intensitate mare (9)

Cutremurele puternice pot doborî copaci și clădiri și sunt foarte periculoase.

Deșerturi pustii

Deșerturile sunt locuri foarte uscate, unde **nu plouă** aproape deloc. În lipsa apei, viața poate fi foarte DURĂ.

În deșert nu cresc multe plante fiindcă e foarte puțină apă, însă cactușii s-au adaptat să supraviețuiască.

Deșerturi fierbinți

Deșerturile nu sunt locuri ușor de străbătut. De pildă, în pustiul **Sahara** din Africa, oamenii trebuie să înfrunte furtuni de nisip, dogoarea soarelui și lipsa hranei și a apei.

Există deșerturi în toată lumea, pe toate

Deșertul Atacama din America de Sud e atât de **uscat**, încât în unele zone nu a plouat de milioane de ani.

O bună parte din Australia e acoperită de deșert.

Iluzii optice

Oazele sunt locuri din deșert unde se găsește apă. Se găsesc rar și uneori nici măcar nu sunt reale! Ele pot fi o iluzie creată de lumină, numită **miraj**.

Un pinguin? Să fie și el un miraj?

Brrr! Nu toate deșerturile sunt fierbinți. Antarctica e un deșert **URIAȘ**, complet **ÎNGHEȚAT**.

continentele în afară de **EUROPA**.

În deșertul Mojave din SUA se află **Valea Morții**. Nu are un nume frumos deoarece nu e un loc prea plăcut – e pur și simplu FOARTE fierbinte.

Antarctica este cel mai mare **deșert rece** din lume. E o întindere de gheață unde plouă sau ninge foarte rar.

Pădurile tropicale

Pădurile tropicale umede (junglele) sunt foarte dese și întunecoase, pline de plante și de animale. Animalele de aici sunt învățate cu ploaia, căci pădurile tropicale sunt printre **cele mai umede** locuri de pe planetă!

Pădurile tropicale au adesea parte de furtuni puternice, cu tunete și fulgere.

Plămânii planetei

Pădurile tropicale sunt numite uneori „plămânii planetei". Arborii ajută la absorbția dioxidului de carbon din aer și îl transformă în **oxigen**, de care au nevoie ca să respire toate ființele – inclusiv tu!

Copacii din pădurile tropicale cresc atât de înalți datorită cantităților enorme de apă din ploi.

Pădurile tropicale adăpostesc multe plante și animale care nu există în altă parte.

Aproape jumătate din speciile de plante de pe Pământ trăiesc în pădurile tropicale.

Solul pădurii e aproape în întuneric, căci coroanele copacilor opresc mare parte din lumina soarelui.

În pădurile tropicale aerul e, în general, cald și foarte umed.

Pădurile tropicale cresc numai aproape de Ecuator.

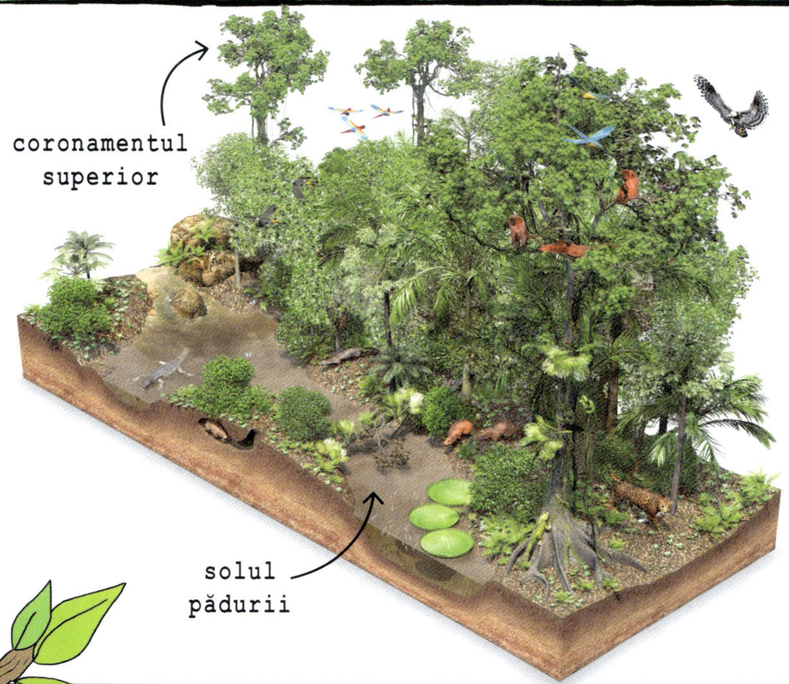

Straturi peste straturi

Pădurile tropicale sunt formate din straturi diferite. Deasupra **solului** crește **stratul inferior**, cu arbuști și animale. Mult mai sus se află **coronamentul**, o încâlceală de crengi și frunze, străpunsă de cei mai înalți copaci, care își înalță vârfurile spre cer.

Apă călătoare

Planeta noastră e acoperită de apă. O găsim în mări și oceane, pe uscat și în aer. Călătoria ei e numită „circuitul apei în natură“.

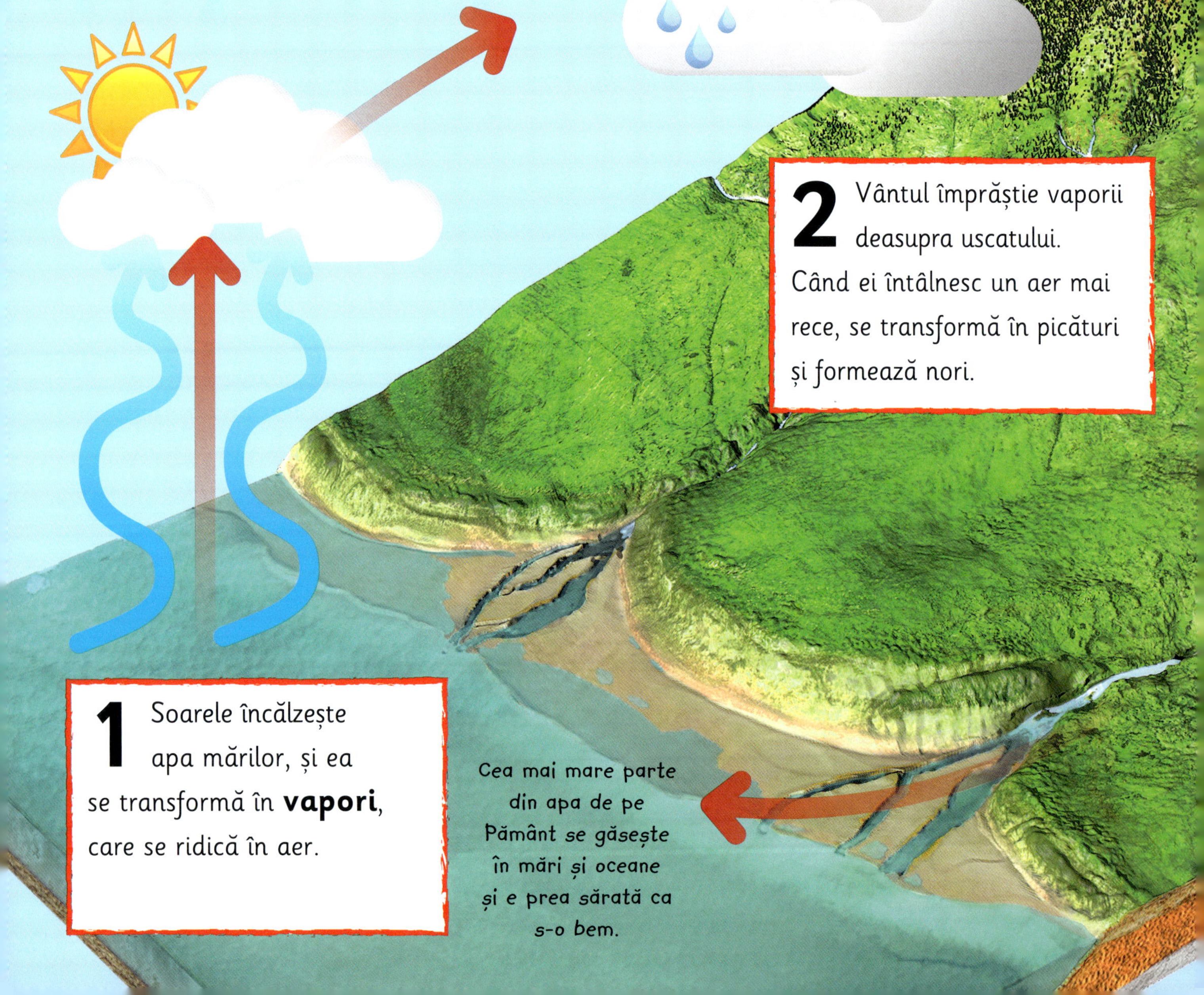

1 Soarele încălzește apa mărilor, și ea se transformă în **vapori**, care se ridică în aer.

2 Vântul împrăștie vaporii deasupra uscatului. Când ei întâlnesc un aer mai rece, se transformă în picături și formează nori.

Cea mai mare parte din apa de pe Pământ se găsește în mări și oceane și e prea sărată ca s-o bem.

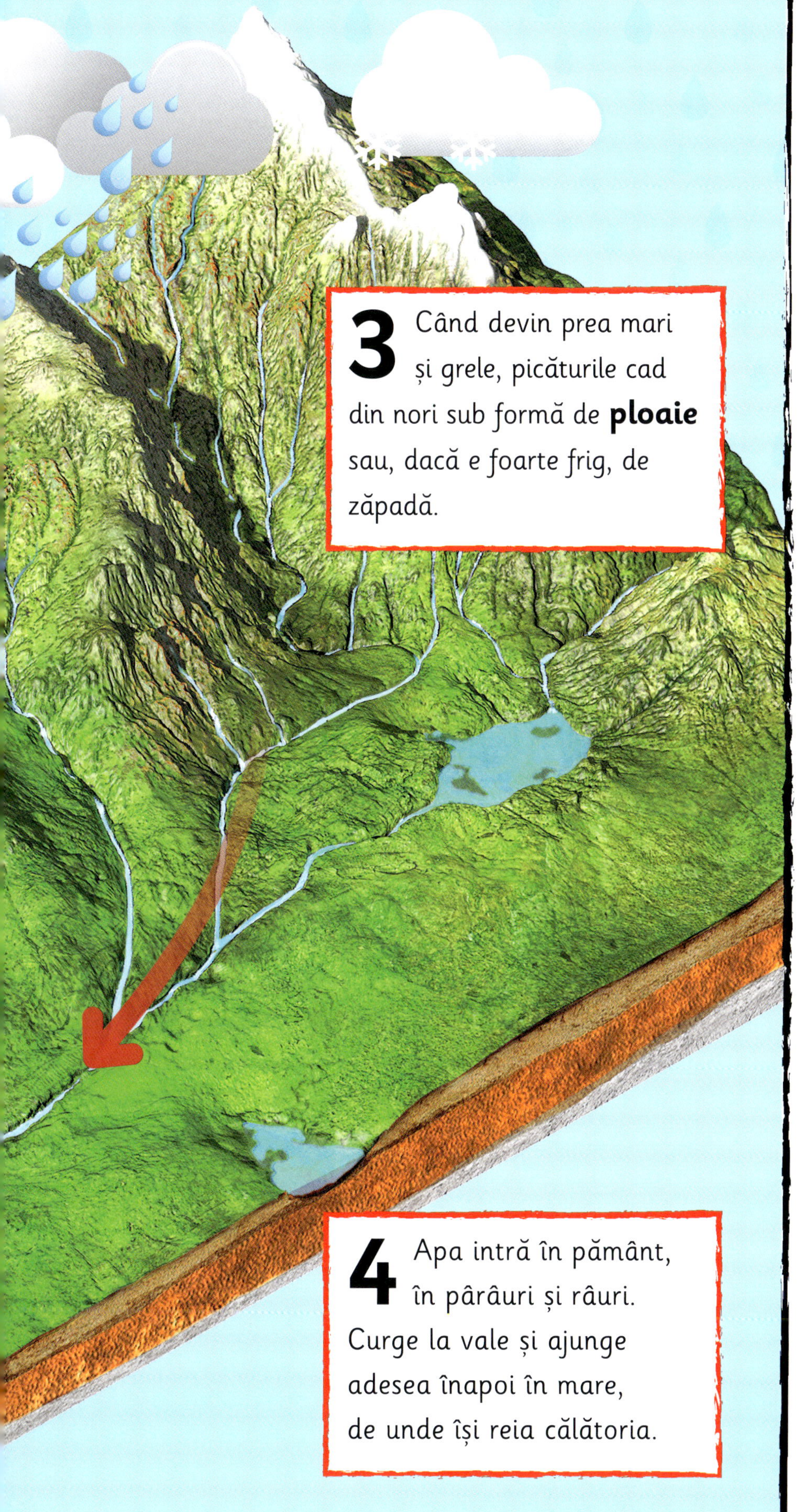

3 Când devin prea mari și grele, picăturile cad din nori sub formă de **ploaie** sau, dacă e foarte frig, de zăpadă.

4 Apa intră în pământ, în pârâuri și râuri. Curge la vale și ajunge adesea înapoi în mare, de unde își reia călătoria.

Stările apei

Când apa e încălzită sau răcită, se poate schimba din lichid în abur sau în gheață. Formele diferite pe care le ia apa se numesc **stări**.

Când se încălzește, gheața se topește și se transformă în apă LICHIDĂ.

Când se răcește foarte tare, apa îngheață, luând formă SOLIDĂ.

Când devine fierbinte, apa se preschimbă în aburi (vapori). Aceasta e forma ei GAZOASĂ.

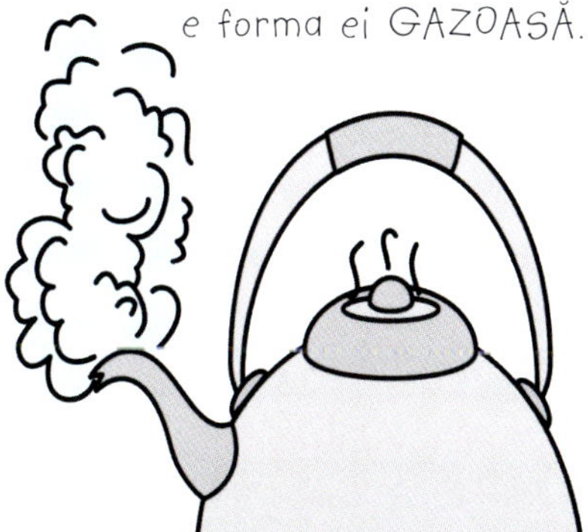

Cum cresc plantele?

În timp, micile **semințe** se transformă în plante uriașe. E un fel de **magie** cu încetinitorul.

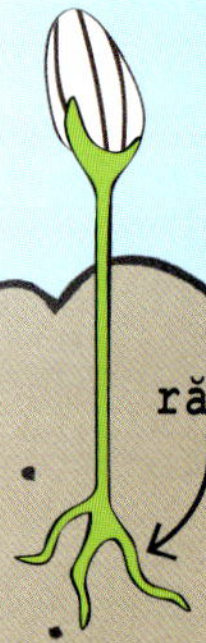

1
Pălăria florii-soarelui e plină de **semințe**.

2
Semințele **suflate de vânt** cad de pe floare pe pământ.

3
Ploaia și soarele ajută sământa să încolțească și să prindă rădăcini.

Mari și mici

Semințele pot avea multe forme și mărimi. Unele sunt mai mari decât capul tău, altele abia pot fi văzute cu ochiul liber.

Arborele numit **cocotier de mare** are semințe cât o minge de baschet.

FLOAREA-SOARELUI crește mare și înaltă.

4

O mlădiță **verde** își desface frunzulițele și salută lumea.

5

Cu ajutor de la **Soare**, apar și mai multe frunze, iar planta se face mai mare.

6

În sfârșit, se deschide o **floare** frumoasă, și totul poate începe din nou.

OBSERVI unde se află SEMINȚELE acestor FRUCTE?

roșie

piersică

căpșună

măr

Anotimpurile anului

An de an, Pământul trece prin **perioade de schimbare** ce influențează vremea, plantele și animalele. Ele se numesc anotimpuri.

Primăvara

Primăvara poate aduce soare și ploi, care ajută plantele să înmugurească.

Vara

Vara e de obicei cel mai călduros anotimp. Acum plantele cresc cel mai mult.

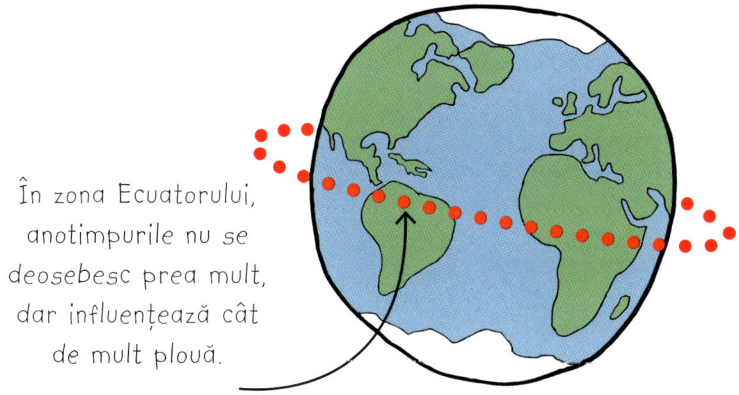

De ce se întâmplă

Anotimpurile se schimbă pe măsură ce Pământul **se mișcă** în jurul Soarelui și se înclină spre el cu o parte sau alta. Ele depind deci de locul unde trăiești pe planetă.

Toamna

Toamna, vremea se răcește și unii copaci își pierd frunzele.

Iarna

Soarele iese mai rar iarna, așa că e mai frig. Unele animale dorm tot timpul.

Vremea la extreme

Schimbătoare, ciudată sau **DEZLĂNȚUITĂ**, vremea pare uneori să aibă propria voință...

Valuri de căldură

Vremea e mult **mai caldă** ca de obicei. Pământul se usucă și pot izbucni incendii.

Inundații

Când s-a adunat prea multă **apă** care nu se poate scurge repede, se produc inundații distrugătoare.

Tornade

Sunt vânturi foarte puternice, cu **o spirală rotitoare** în mijloc, care spulberă tot ce le iese în cale.

Fenomene extreme

În timpul unor fenomene extreme, vremea se comportă **altfel** decât în mod normal. Există multe tipuri de fenomene extreme, cum sunt viscolele și furtunile cu grindină.

Uragane

Furtunile înfricoșătoare, cu vânt năprasnic și ploi se mai numesc și cicloane sau taifunuri.

Fulgere

În nori se adună foarte multă **electricitate**. Ea țâșnește ca niște săgeți spre pământ, lovind clădirile înalte și copacii.

Tunete

Sunt **BUBUITURILE** asurzitoare care se produc la descărcarea unui fulger.

Vântul și soarele

Sus pe cer, vântul se ceartă cu soarele: care din ei e **mai puternic**?

– Eu pot să nasc furtuni și uragane!
Tu ești slab și tăcut, spune râzând vântul.

– Cine e blând și liniștit
e puternic în felul său,
îi răspunde soarele.

Hotărăsc **să se întreacă**: cine va reuși primul să-i scoată haina unui om? Vântul e convins că va câștiga **foarte ușor**.

Vântul **se umflă și suflă** cu toată forța. Haina omului se desface, dar nu zboară de pe el. Vântul suflă și mai tare. Zadarnic însă: haina rămâne pe om.

Când îi vine rândul, soarele **zâmbește** și începe **să încălzească blând** Pământul. Omul zâmbește și el și își dă jos haina, să se bucure de vremea frumoasă.

Soarele iese așadar câștigător.
A demonstrat că **blândețea**
și **bunătatea** te fac **mai puternic**.

Lucruri foarte importante

despre **locuri**

Planeta noastră este **foarte mare**. Șase din cele șapte continente sunt pline de oameni minunați, de animale interesante și de priveliști incredibile. Antarctica, al șaptelea continent, e prea rece pentru ca oamenii să poată trăi acolo, dar e spectaculoasă. Haideți să vedem!

Cele 7 continente

E timpul să facem o călătorie în jurul lumii, pe cele **șapte** continente. Sunt marile întinderi de uscat ale lumii. Ești gata? **Să pornim!**

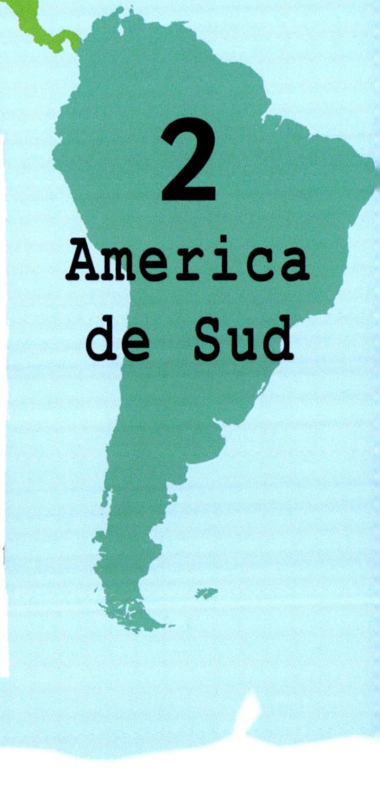

În America de Nord există peste 20 de țări.

Luminițe în întuneric

Așa ar arăta continentele din spațiu dacă ar fi noapte peste tot în lume. Toate aceste **lumini** sunt orașele aglomerate!

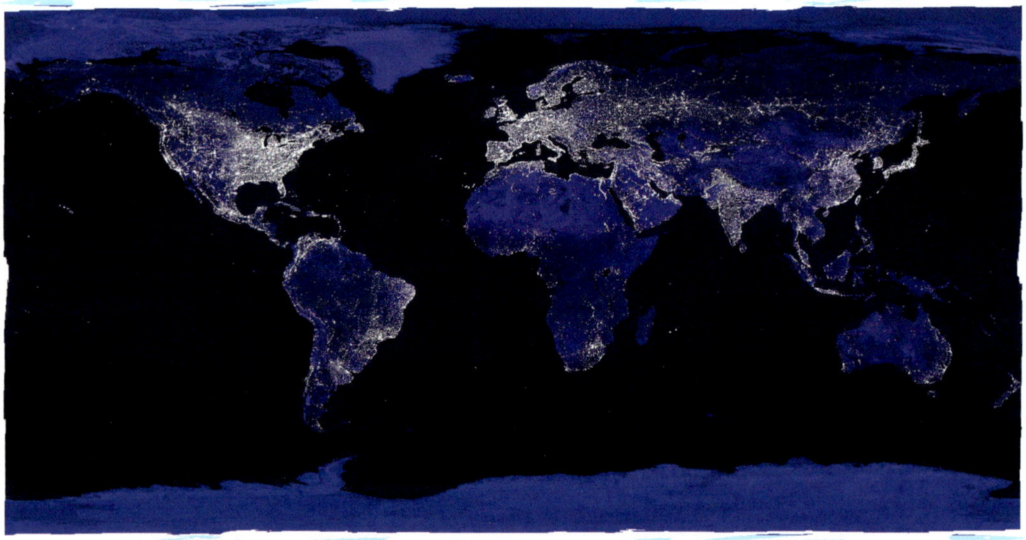

Asia e CEL MAI MARE continent.
5
Asia
Peste jumătate din populația lumii trăiește în Asia.
4
Europa
3
Africa
6
Australia
Australia e CEL MAI MIC continent.
Brrr! Antarctica e cel mai uscat, mai pustiu și mai rece loc de pe Pământ.
7
Antarctica

Ilustrate din America de Nord

În America de Nord există 23 de țări.
Cu climă caldă sau rece, mici sau MARI,
toate sunt pline de oameni **interesanți**
și de locuri minunate.

Oceanul Pacific

În Las Vegas, SUA, sunt hoteluri enorme și priveliști spectaculoase. Deși e un oraș mare și plin de turiști, e situat chiar în mijlocul deșertului!

Viața e altfel pe fiecare insulă din Caraibe, dar peste tot sunt soare din belșug și o mulțime de plaje superbe.

Ziua Morților e o sărbătoare importantă în Mexic. Oamenii poartă cu această ocazie costume colorate.

Lumea spune că orașul New York din SUA „nu doarme niciodată", pentru că aici se întâmplă tot timpul ceva.

Ilustrate din America de Sud

Păduri tropicale, râuri și munți – iată doar câteva din lucrurile pe care le poți vedea pe acest **continent uimitor**.

Pădurea tropicală amazoniană e plină de animale. E atât de mare, încât se întinde în nouă țări.

Vechiul oraș incaș Machu Picchu din Peru a rămas uitat timp de sute de ani. Azi, oamenii urcă munții ca să-l poată vedea.

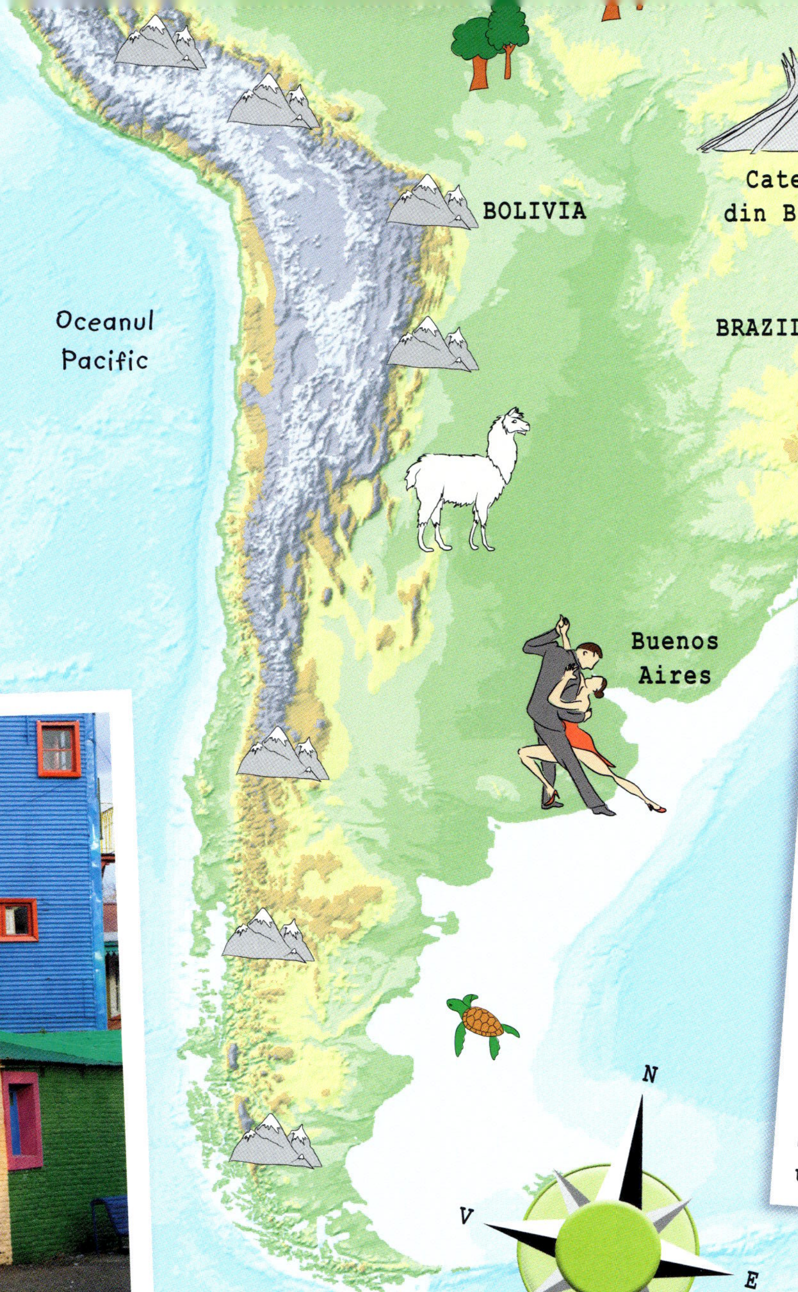

Platourile sărate din Bolivia sunt o priveliște uluitoare. Sarea produce un miraculos efect de oglindă.

Buenos Aires este capitala Argentinei. Aici sunt multe clădiri foarte colorate.

În capitala braziliană Rio de Janeiro se organizează anual un carnaval plin de culoare.

Spaniola e limba oficială a multor țări din America de Sud, însă în Brazilia se vorbește portugheza.

Ilustrate din Africa

Africa e plină de **viață**.

Găsim aici păduri tropicale și deșerturi, numeroase țări, milioane de locuitori, mii de limbi și animale uimitoare.

Marrakesh din Maroc e numit uneori „orașul roșu" datorită numeroaselor clădiri construite din gresie roșie.

Ciocolata se face din boabele aflate în păstaia arborelui de cacao, întâlnit în vestul Africii.

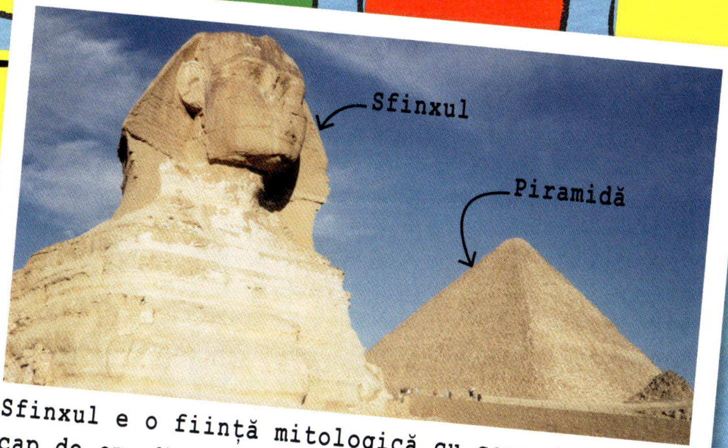

Sfinxul e o ființă mitologică cu corp de leu și cap de om. Marele Sfinx e o statuie care păzește faimoasele piramide din Giseh.

Această bijuterie tradițională a fost confecționată de membri ai tribului masai, care trăiesc în sudul Kenyei și nordul Tanzaniei.

Multe plante și animale, cum ar fi lemurul, trăiesc doar pe insula Madagascar.

Ilustrate din **Europa**

Deși e mai mică decât alte continente, Europa e plină de **orașe**, **oameni** și **priveliști** ce merită descoperite.

Stonehenge din Anglia e un mister. A fost construit cu mii de ani în urmă din pietre gigantice, dar nimeni nu știe exact cum și de ce.

Situat în Roma, capitala Italiei, Vaticanul e cea mai mică țară din lume. Aici trăiește papa, conducătorul Bisericii Catolice.

Europa are în jur de 50 de limbi oficiale.

Nordul Europei e locul de unde se vede cel mai bine aurora boreală, un spectacol extraordinar de lumini naturale.

Arcul de Triumf din Romania e un monument de război. Întâi a fost construit din lemn, apoi din piatră.

Multă lume călătorește în Alpi - un lanț muntos care traversează opt țări - pentru a schia, a face snowboard sau drumeții.

Ilustrate din Asia

Asia e **CEL MAI MARE** continent și de departe cel mai populat. E și un continent foarte divers.

Petra e un oraș antic din Iordania. Multe construcții sunt săpate în stâncă.

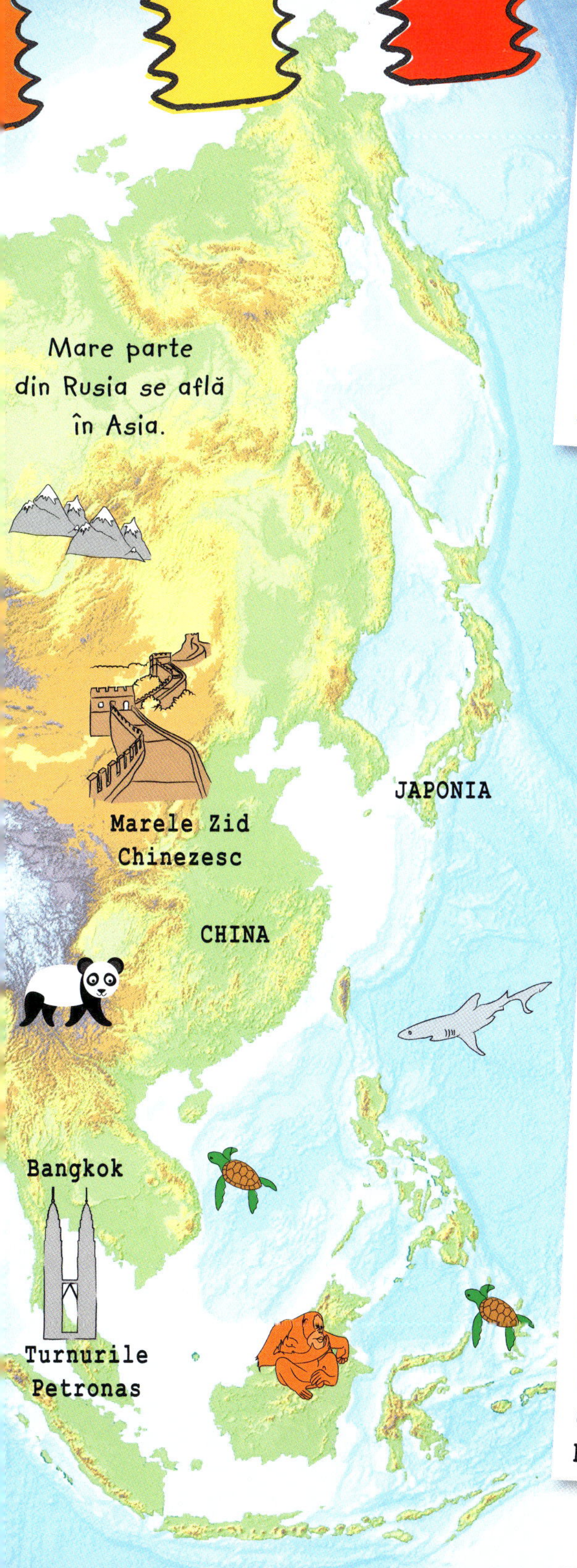

Tokyo este capitala Japoniei. În zilele însorite, de aici se poate vedea muntele Fuji, deși se află la o distanță de peste o sută de kilometri.

Peste un miliard de oameni din populația lumii trăiește în China. Asta înseamnă mai mult decât TOATĂ populația Europei. Shanghai e unul dintre cele mai mari orașe ale Chinei.

În Bangkok, capitala Thailandei, unii oameni se deplasează cu barca. Există chiar și piețe plutitoare pe bărci.

Ilustrate din Australia

Continentul australian e compus din statul Australia și câteva țări insulare din apropiere.

RUGBY-UL e un sport popular în **TOATĂ** Australia.

Sydney se află pe coasta Australiei. De pe faimosul pod Harbour Bridge se poate vedea aproape tot orașul.

Fiji e o țară alcătuită din peste 330 de insule. Pe aproximativ 110 dintre ele nu trăiește nimeni.

Noua Zeelandă are două insule principale. Insula din nord e împânzită de gheizere ce aruncă în aer vapori fierbinți.

Noua Zeelandă, Fiji și multe țări insulare din Pacific nu aparțin, teoretic, niciunui continent, dar sunt grupate sub numele de „Oceania".

Ilustrate din **Antarctica**

E un **continent** mare, pe care există foarte puțini oameni sau animale. De ce? Pentru că e foarte, **FOARTE** frig.

Continentul înghețat

Uscatul Antarcticii e acoperit în mare parte de zăpadă și gheață. Iarna, pe GER, oceanul îngheață, iar Antarctica devine și mai mare.

Nimeni nu locuiește permanent în Antarctica.

În Antarctica se află Polul Sud.

Dar Arctica?

Arctica (acolo unde e Polul Nord) se află la celălalt capăt al Pământului. E formată din gheață, și aici trăiesc numeroase animale, însă nu e un continent.

De la Polul Sud, ORICE direcție duce spre nord!

Cei care vin în Antarctica sunt în general oameni de știință. Ei folosesc mașini speciale pentru a străbate întinderile înghețate.

Pinguinii imperiali sunt printre puținele animale care suportă frigul iernii antarctice.

Polul Sud

În Antarctica nu plouă aproape niciodată. Asta înseamnă că e un deșert foarte rece!

Cea mai mare parte din rezervele de apă dulce ale lumii se găsește sub formă solidă în gheața Antarcticii.

Lucruri foarte importante

despre animale

Animalele sunt ființele uimitoare care trăiesc pe aceeași planetă cu noi. Printre ele se numără păsări superbe, pești formidabili, mamifere minunate și multe altele. Animalele au tot felul de forme, mărimi și culori, de la **URIAȘA** balenă albastră la insecte **MINUSCULE**.

Ce sunt **animalele?**

Toate plantele și animalele sunt ființe, însă doar animalele pot să se miște după voie și trebuie să mănânce ca să trăiască.

Mamifere

Un animal care își hrănește puii cu **lapte** este un mamifer. Majoritatea mamiferelor au **blană**, însă pot să arate foarte diferit.

gorilă

urs panda

Păsări

Viețuitoarele acoperite cu **pene** sunt păsări. Toate au pene, dar nu toate pot **să zboare**. Unele doar înoată sau fug foarte repede.

pescăruș albastru

flamingo

Reptile

Aceste **ființe cu solzi** au **sângele rece**. Asta nu înseamnă că sângele lor e într-adevăr rece, ci că nu își pot încălzi singure corpul.

șarpe

țestoasă

crocodil

O problemă de formă?

Animalele au forme și mărimi foarte diferite! Ca să ne fie mai ușor, le împărțim în **grupuri**.

Amfibieni

Majoritatea amfibienilor se nasc în **apă** și, după ce cresc, învață să respire. Ca adulți, ei pot trăi în apă sau pe uscat.

broască râioasă

broască

salamandră

Pești

Aripioarele ajută peștii să fie excelenți înotători. Ei trăiesc în oceane, mări, râuri și lacuri. Și respiră în apă prin **branhii**.

caras auriu

rechin

țipar

Nevertebrate

Nevertebratele nu au **șira spinării**. Majoritatea au cochilie sau un corp moale. Sunt un grup extrem de variat.

fluture

miriapod

caracatiță

Dinozaurii de odinioară

Cu mult înainte să apară oamenii, niște reptile uriașe numite **dinozauri** au stăpânit Pământul milioane de ani... Dar unde sunt acum?

Temutul tiranozaur își sfărâma prada cu dinții lui enormi.

Diferiți dinozauri au trăit în perioade diferite, încât mulți dintre cei de aici nu **s-au întâlnit niciodată**!

Sinosauropteryx
(si-no-za-u-ro-pte-rix)

Acest dinozaur avea pene, dar nu putea zbura.

Tyrannosaurus rex
(ti-ra-no-za-u-rus)

Triceratops înseamnă „față cu trei coarne".

Triceratops
(tri-ce-ra-tops)

Sfârșitul unei epoci

Cam cu 66 de milioane de ani în urmă, un **meteorit** masiv a lovit Pământul, stârnind un nor imens de praf care a blocat lumina soarelui. În lipsa ei, dinozaurii nu au mai putut supraviețui.

Monstru cu aripi

În 2015, oamenii de știință chinezi au descoperit rămășițele unui dinozaur numit **Zhenyuanlong suni**. E cel mai mare dinozaur înaripat descoperit vreodată, o rudă a faimosului velociraptor.

Mii de **mamifere**

Aceste făpturi inteligente au diverse **forme** și **mărimi**, de la măruntii șoricei la girafele înalte, cu gât lung. Și tu ești un mamifer – toți oamenii sunt!

Acest uriaș al mărilor arată ca un pește, însă toate balenele sunt mamifere.

Laptele matern

Mamiferele par foarte diferite între ele (și chiar sunt)! Dar toate au în comun faptul că femelele produc lapte cu care își hrănesc puii.

- Puii beau lapte.
- Majoritatea au blană.
- Majoritatea nu depun ouă.
- Au sângele cald.

Suntem rude! Maimuțele și oamenii fac parte din același grup numit „primate”.

maimuță cu pui

Liliecii preferă să iasă noaptea.

liliac

Suntem singurele mamifere care zboară cu adevărat. Altele, de pildă veverițele zburătoare, mai degrabă plutesc decât zboară.

Elefanții își folosesc trompa pe post de mână.

elefant

urs

Mac-mac?

În ciuda ciocului și a labelor palmate, acesta e un ornitorinc, nu o gâscă. E unul din puținele mamifere care depun ouă.

tigru cu pui

gorilă

Pești pitorești

De la rechini uriași la căluți de mare, peștii diferă foarte mult ca înfățișare. Însă toți sunt perfect adaptați la **viața acvatică**.

Carașii aurii sunt pești de acvariu, rechinii nu!

Viață de pește

În loc să respire prin plămâni, peștii își folosesc branhiile. Spre deosebire de mamifere și păsări, majoritatea au **sângele rece**. Asta înseamnă că nu își pot încălzi singuri corpul.

pește zburător

pisică de mare

Rechinii și pisicile de mare au oasele moi.

somn

Înot mișcându-mi înotătoarea din spate dintr-o parte într-alta.

pește-balon

murenă

pește-chirurg

căluț de mare

La căluții de mare masculii, nu femelele, nasc pui.

pește-clovn

Există peste 30 000 de specii de pești.

Păsări pestrițe

Privește în sus! E ușor să zărești o **pasăre**. Unele zboară, altele înoată sau fug, multe ciripesc, gâgâie sau țipă. Păsările sunt singurele animale cu **pene**.

- ✓ Au pene.
- ✓ Depun ouă.
- ✓ Au cioc.
- ✓ Au sângele cald.

Penaj pitoresc

Indiferent unde trăiesc, penajul ferește păsările de umezeală și de frig. În plus, fără pene, ele nu ar putea zbura!

Ne-zburătoare

Oricât ar încerca, unele păsări, precum pinguinii sau struții, **nu pot să zboare**. Dar struții aleargă foarte repede, iar pinguinii sunt excelenți înotători.

Reptile solzoase

Fie că se târăsc, pășesc, sar sau șuieră, toate reptilele au solzi. Ca o armură, ei le protejează de prădători și le fac pielea impermeabilă.

Cald și rece

Reptilele sunt animale cu sânge rece. Asta înseamnă că nu se pot răcori singure când le e cald și nici nu se pot încălzi când le e frig.

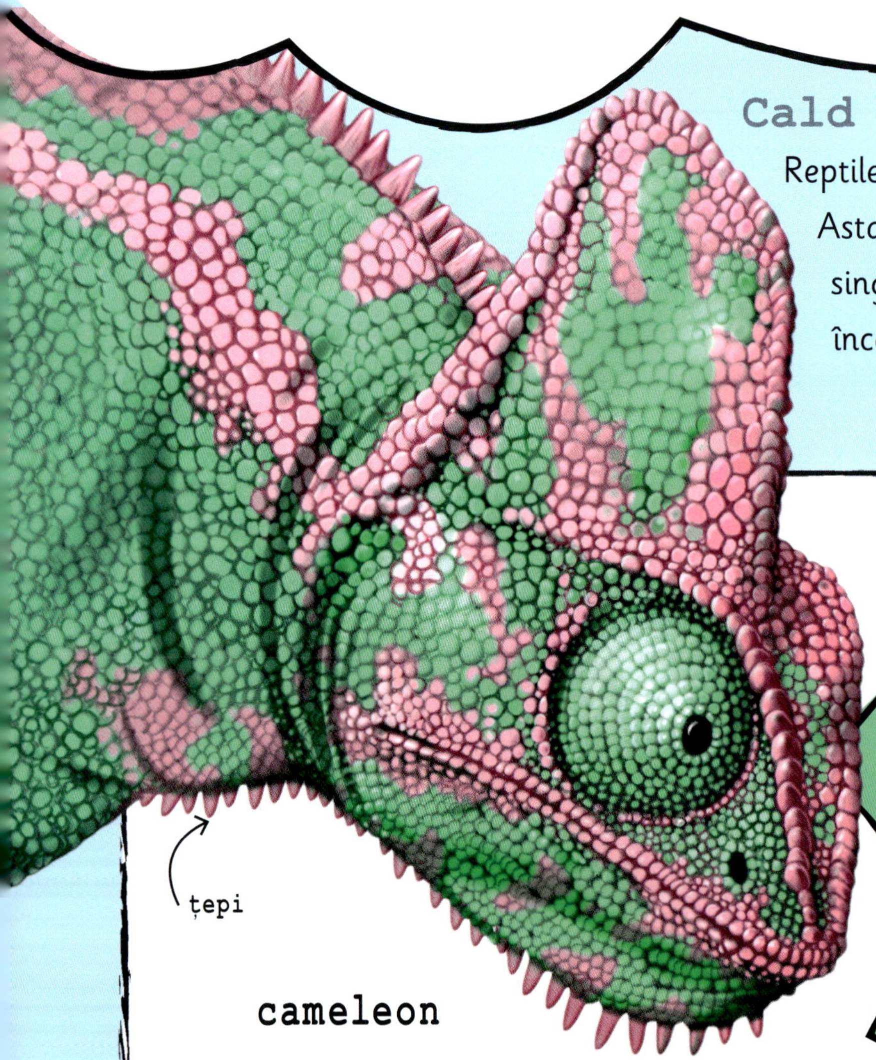

- Au solzi.
- Majoritatea depun ouă.
- Au sângele rece.

șarpe

Șerpii leapădă un strat de piele când îi strânge prea tare. Spunem că năpârlesc.

Nu mă supăra, altfel îmi desfac „volanul” și șuier ca să te sperii!

șopârlă gulerată

crocodil

șopârlă tuatara

țestoasă

Unele țestoase trăiesc peste 100 de ani.

șopârlă gulerată

Cel mai mult mănânc insecte, dar, dacă mi-e foarte foame, pot mânca și șopârle mai mici!

Șopârlele gecko au picioare lipicioase pentru cățărat.

șopârle Gecko

Amfibieni adaptabili

Aceste animale au **puteri ieșite din comun**. Ei bine, nu chiar, dar pot trăi atât pe **uscat**, cât și în **apă**, ceea ce e grozav!

Ciclul de viață

Broaștele, ca majoritatea amfibienilor, se nasc din ouă, apoi cresc și se dezvoltă lent în apă până când sunt gata să trăiască pe uscat.

broască săgeată otrăvită

Culori de avertizare

Multe broaște viu și frumos colorate sunt **otrăvitoare**. Ingenios, nu? E ca și când ar spune: „Nu mă mânca!“

- Au pielea umedă.
- Au sângele rece.
- Nu au păr sau blană.
- Pot trăi în apă sau pe uscat.

broscuță minusculă

Gângănii grozave

Gândește-te la un loc! **Orice** loc din lume... Peste tot vei găsi gângănii de nenumărate feluri! Tu pe care le știi?

Gândaci colorați

În lume există mai multe soiuri de gândaci decât de orice alte animale. Și probabil că mai sunt mulți de **descoperit**.

- corp format din trei părți
- Mulți au aripi.
- Au șase picioare.

= insectă

Un gândac e o **insectă**.

Pânze perfide

Păianjenii țes de obicei **pânze** pentru a-și prinde prada. În general mănâncă insecte, dar cei foarte mari pot prinde și păsări.

- opt picioare
- corp format din două părți
- Nu au aripi.

= arahnidă

Păianjenul e o **arahnidă**.

Încet ca melcul

Melcilor de livadă le place să iasă noaptea și să ronțăie din plante. Târându-se, aștern o **dâră** de bale, pe care alunecă mai ușor. Ingenios, nu?

- corp dintr-o bucată
- un singur picior lung
- Mulți au cochilie.

= gasteropod

Melcul e un **gasteropod**.

De la omidă la fluture

Ce-i asta? Omizile se transformă în **fluturi** diafani? Cum anume?

2

O omidă iese dintr-un ou.

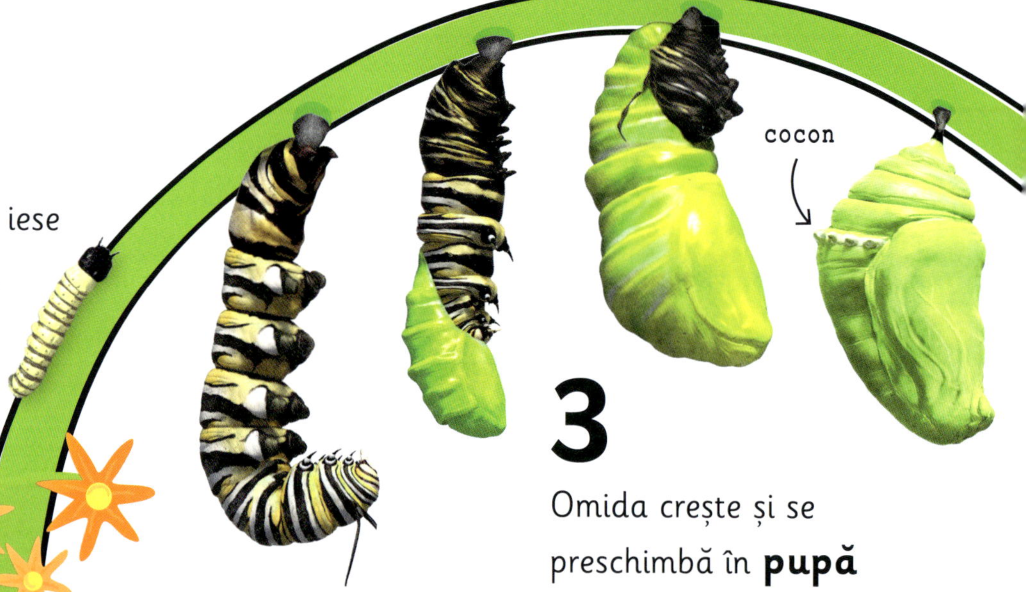

3

Omida crește și se preschimbă în **pupă** (sau nimfă).

1

Un fluture își depune **ouăle** pe o frunză.

Aripile unui fluture sunt atât de subțiri, încât poți **vedea prin** ele.

Fluturele monarh trăiește până la nouă luni.

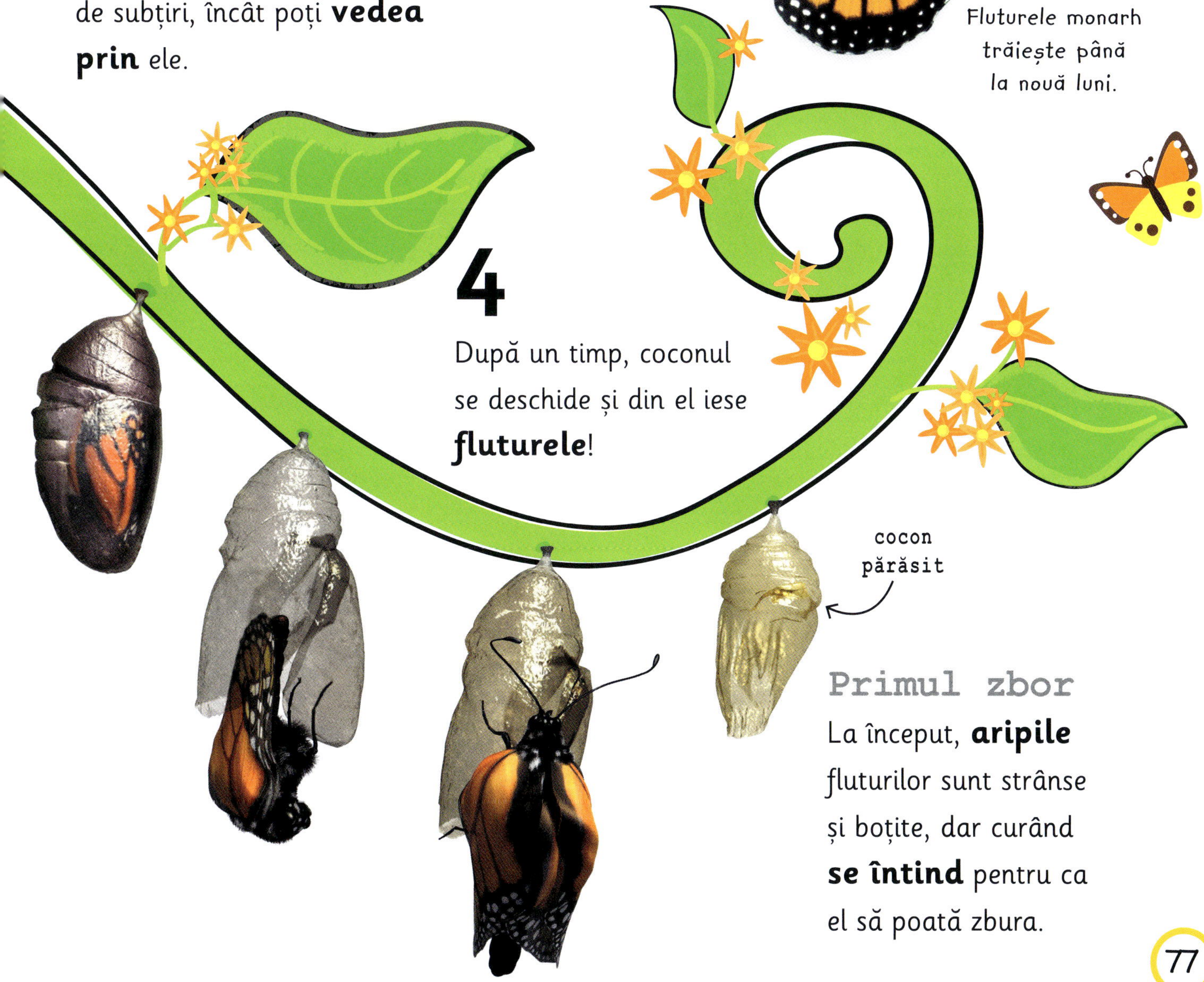

4

După un timp, coconul se deschide și din el iese **fluturele**!

Primul zbor

La început, **aripile** fluturilor sunt strânse și boțite, dar curând **se întind** pentru ca el să poată zbura.

Habitatul animalelor

Fiecare animal are locul lui pe care îl consideră **acasă**. În lumea animală numim aceste locuri „habitate".

Pădurile

Peste **jumătate** din speciile de animale și plante ale lumii trăiesc în pădurile tropicale!

Oceane și mări

Oceanele și mările sărate sunt pline de pești, mamifere și făpturi mărunte.

Deșerturi

Puține animale pot supraviețui în deșert din cauză că nu au de unde să bea **apă**.

Râuri și lacuri

Lacurile și râurile au **apă dulce**, nu sărată.

Zone cu iarbă

Uneori mâncarea e greu de găsit în zonele cu iarbă, mai ales în **anotimpul uscat**.

De la un pol la altul

În apropiere de **Polul Nord** și de **Polul Sud** e foarte frig. Asta nu înseamnă însă că aici nu trăiesc animale!

foci

urși polari

Blana ursului polar îl ajută să se confunde cu zăpada.

Sub blană, pielea mea e neagră!

Aceste animale polare nu văd aproape deloc **lumina** soarelui iarna, iar vara nu au parte de **întuneric**.

bufniță polară

ren

morsă

Tărâmul pinguinilor

În Antarctica nu trăiesc multe tipuri de animale, dar aici e habitatul a milioane de pinguini.

Călător... la fermă

Oi, vaci, capre, cai – multe animale trăiesc la **fermă**.

Pe care le vezi aici?

Există ferme care cresc o singură specie de

Culturi de cereale

Pe multe terenuri care aparțin fermelor se cultivă cereale, baza alimentației noastre. Cele mai răspândite cereale sunt porumbul, orezul și grâul.

Porumbul

Porumbul se consumă în mai multe feluri – mămăligă, porumb copt sau fiert, fulgi, nachos...

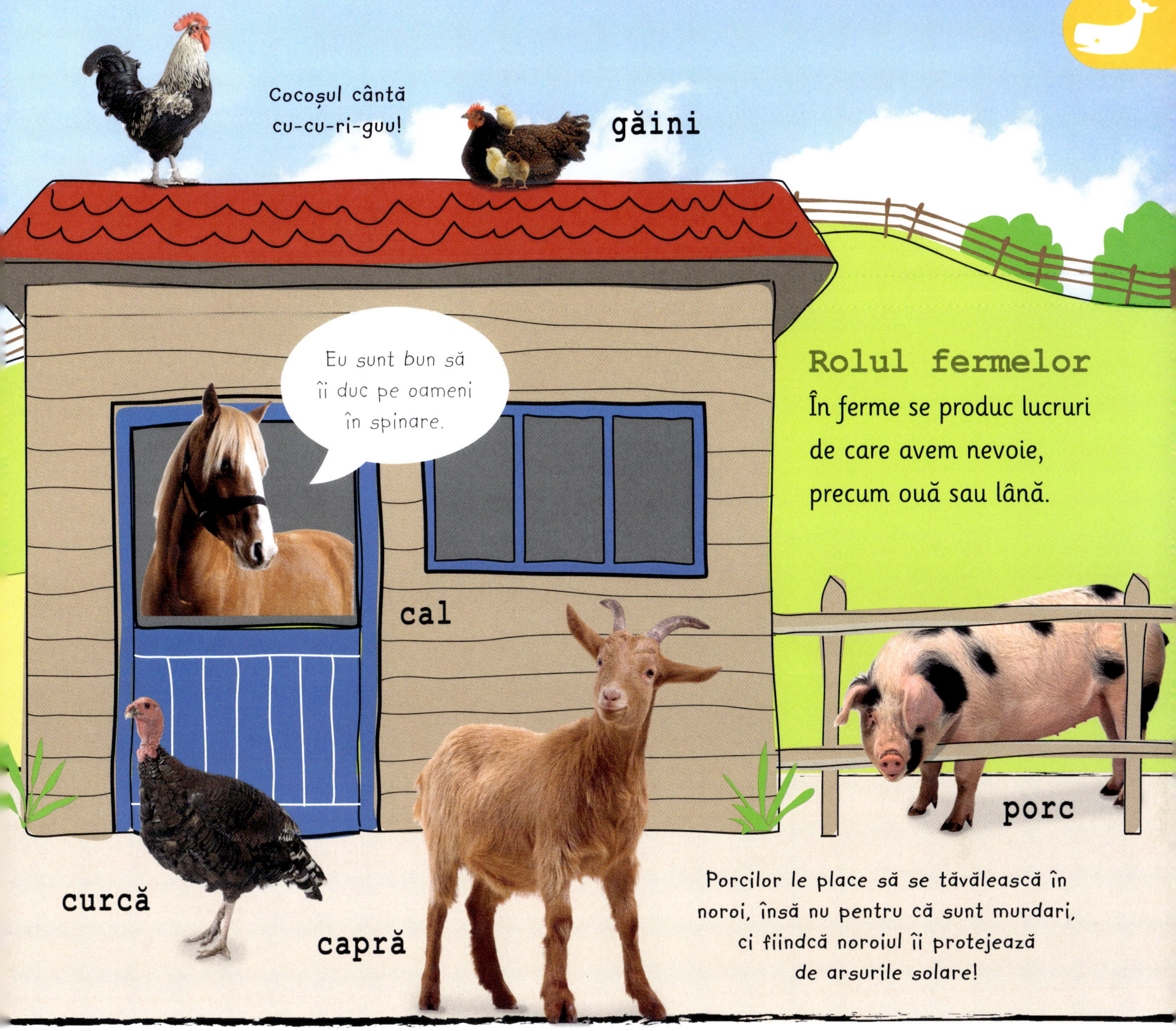

Rolul fermelor

În ferme se produc lucruri de care avem nevoie, precum ouă sau lână.

animal, de pildă somoni sau chiar melci!

Orezul

Orezul are nevoie de multă apă ca să crească. În unele zone din Asia se mănâncă aproape zilnic orez.

Grâul

Făina de grâu e folosită la multe feluri de mâncare, inclusiv pâine, paste și prăjituri!

Călător...

în munți

Am urcat sus de tot! Oare e cineva pe-aici? Cunoști aceste animale de munte?

vultur

Vulturii se înalță mult deasupra piscurilor.

pumă

Pumele se mai numesc cuguari.

lup

Lupii trăiesc în familii numite haite.

Fiecare regiune montană din lume are propriile animale

Anzii

Condorul trăiește în America de Sud. Aripile uriașe îl ajută să plutească prin aer.

Munții Atlas

Magotul e o specie de maimuță din Africa. Conducătorul unui grup este întotdeauna o femelă.

specifice. Iată câteva pe care s-ar putea să nu le cunoști.

Alpii neozeelandezi

Kea din Noua Zeelandă e singurul papagal montan din lume. E atât de deștept, încât poate rezolva puzzle-uri.

Himalaya

Iacul e un tip de bovină întâlnit în unele părți din Asia. Poate trăi la înălțimi foarte mari.

Animale de **deșert**

Deșerturile **fierbinți** și **uscate** nu sunt chiar atât de pustii. Unele animale s-au adaptat perfect la viața de aici.

Stau de șase! Mă ridic pe picioarele din spate ca să zăresc orice pericol și să-mi protejez familia.

Suricatele trăiesc în grupuri familiale mari.

suricate

Pot răbda săptămâni întregi fără apă!

cămilă

Cocoașa unei cămile e plină de grăsime!

Vreme secetoasă

Animalele trebuie să bea **apă**, care nu se prea găsește în deșert. Animalele înfățișate aici s-au obișnuit să bea doar din când în când.

șarpe-diademă

șoarece țepos

diavol țepos

Această șopârlă trăiește în deșertul australian.

scorpion de deșert

Călător...
pe câmpiile din Africa

Să pornim în **SAFARI**! Pe câmpiile din Africa sunt o mulțime de animale interesante.

girafe

Gâtul lung ajută girafa să găsească mâncare la înălțime.

gazele

zebre

Pretutindeni în lume există zone cu iarbă,

Leul

Aceste feline mari și puternice trăiesc în grupuri (familii) conduse de un mascul.

Bivolul african

Sunt animale însetate, care nu se depărtează niciodată prea mult de sursa de **apă**.

Unde e apa?

Câmpiile africane sunt terenuri largi, deschise, în general uscate, așa că animalele se adună la **adăpători** ca să bea apă.

Elefanții sunt cele mai mari animale de uscat din lume.

dar în Africa ele se numesc **SAVANE**.

Leopardul

Rapid și agil, leopardul se poate **ascunde** în iarbă când vânează, grație coloritului blănii sale.

Rinocerul alb

Deși pare un **uriaș greoi** și lent, în realitate, acest animal cu două coarne poate fugi foarte **repede**.

Uriașa balenă albastră

Nu există nicio ființă pe lume de mărimea uriașei **balene albastre**.

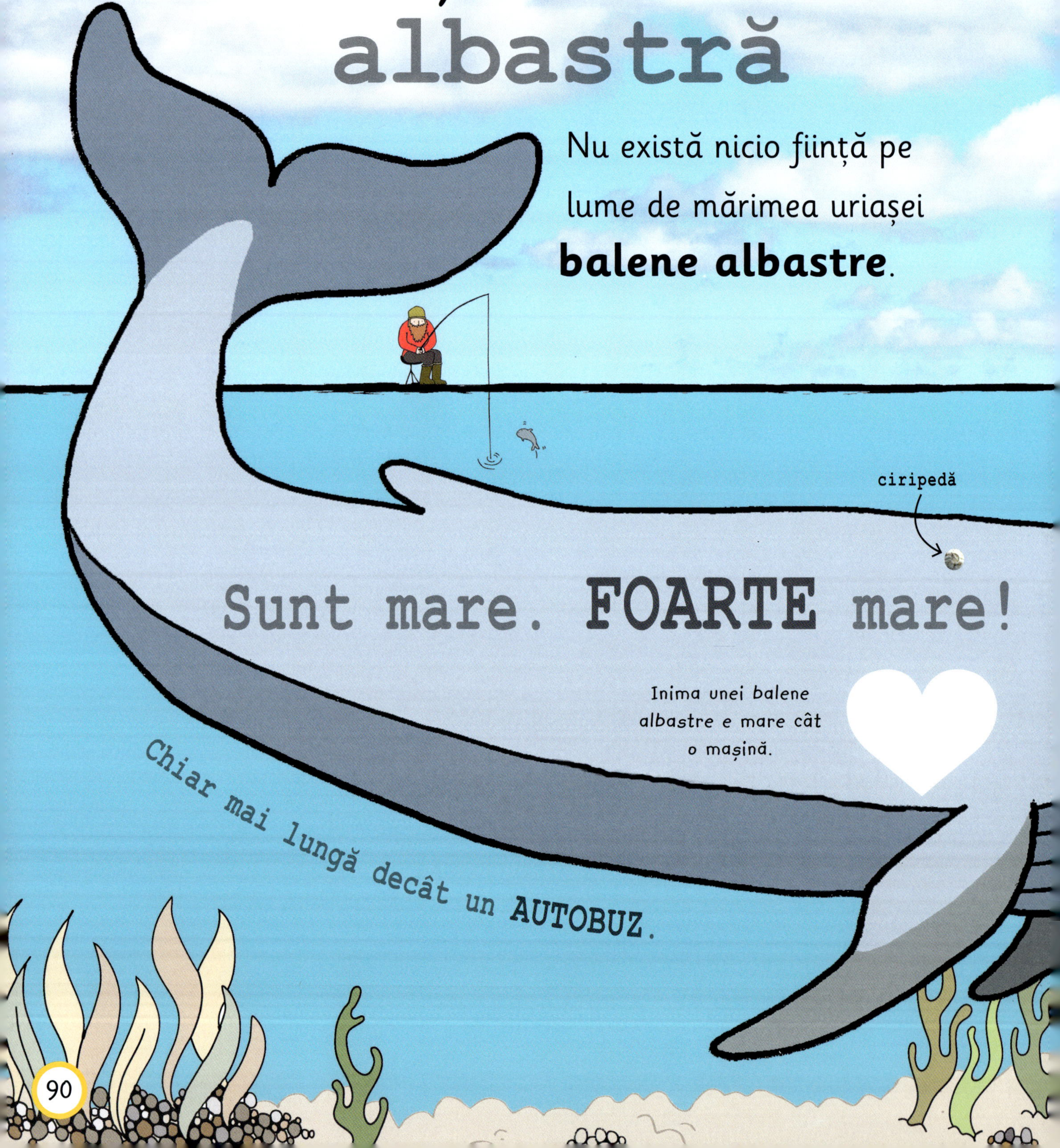

Sunt mare. **FOARTE** mare!

Inima unei balene albastre e mare cât o mașină.

Chiar mai lungă decât un **AUTOBUZ**.

Mamifere puternice

Balenele nu sunt pești (ca rechinii) și de aceea trebuie să respire. Ele sunt **mamifere**, precum șoarecii, dar **CU MULT** mai mari!

Balenele albastre sunt mai mari chiar decât cei mai mari dinozauri!

Balenele albastre sunt și foarte **GĂLĂGIOASE**! Scot sunete la fel de puternice ca un **AVION** care decolează.

Poftă mare!

Balena albastră se hrănește cu **krilli** minusculi. Ca să se sature, trebuie să înghită 40 de **MILIOANE** pe zi!

Rechini robuști

Poate că arată înspăimântători cu dinții lor ascuțiți, dar știi ce? Mulți dintre ei sunt **inofensivi**.

Ce sunt rechinii?

Rechinii sunt o specie de pești. Se găsesc în toate mările și în unele râuri. Majoritatea au o mulțime de dinți, însă unii nu au deloc.

rechin-ciocan

Rechinii-ciocan au ochii pe laturile capului pentru a detecta mai ușor prada.

Chiar dacă e cel mai mare din lume, rechinul-balenă e un uriaș blând.

rechin-balenă

Rechinul pelerin are o gură FOARTE mare, dar NICIUN dinte!

rechin pelerin

Mănânc aproape orice. Mi-e foame!

rechin-tigru

Rechinul-lanternă

Primate poznașe

Aceste făpturi inteligente, curioase și guralive fac parte dintr-un grup de animale numit **primate**. Și știi ce? Și oamenii sunt tot primate.

Maimuțăreli

Nu te supăra dacă ți se spune că te maimuțărești! Oamenii seamănă foarte mult cu **cimpanzeii**, care sunt niște maimuțe foarte deștepte.

cimpanzeu

urangutan

Urangutanilor le place să mănânce fructe.

Huța-huța

Unele primate, precum maimuțele mici, au **cozi**, însă cimpanzeii și gorilele nu au.

capucin

Maimuțele își pot folosi cozile lungi pentru a se cățăra în copaci.

Eu trăiesc cu tovarășii mei pe solul pădurii. Sunt prea mare și greu ca să trăiesc în copaci.

maimuță urlătoare

Astupă-ți **URECHILE!** Maimuțele urlătoare sunt **FOARTE GĂLĂGIOASE**.

maimuță-păianjen

gorilă

Specii rapide

Tu cât de repede fugi? Iată mai jos o întrecere între animale foarte **rapide** și altele foarte **lente**.

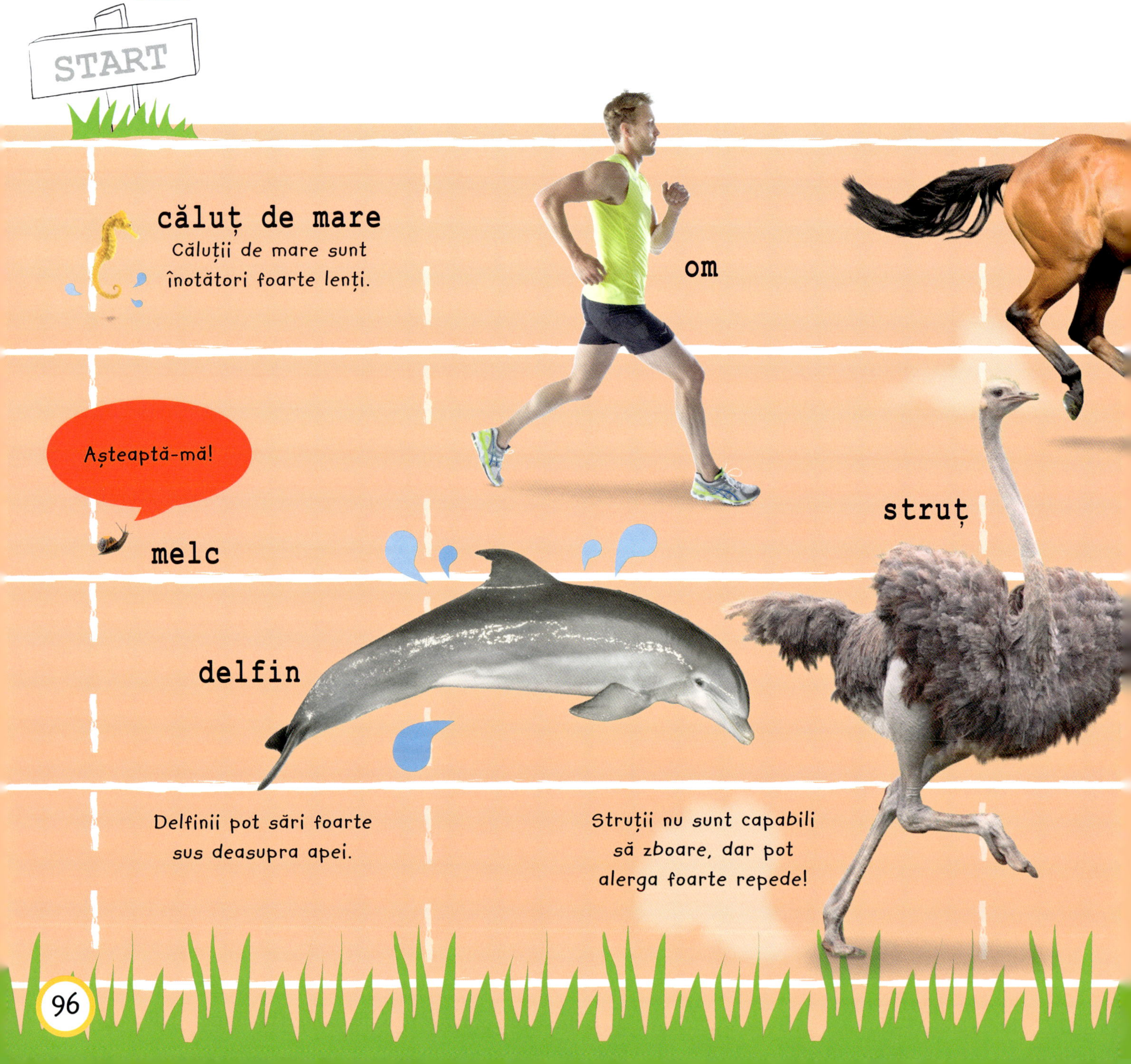

Înotători experți

Urșii polari pot să înoate repede și să parcurgă distanțe enorme. A fost observat un urs care a înotat **nouă zile** fără să se oprească sau să mănânce.

Zbor în picaj să-mi înhaț prada.

Șoimii călători pot coborî în picaj mai repede decât poate fugi orice animal!

cal

Drepnea mare

Drepnelele mari zboară foarte repede și arareori se opresc pe vreo creangă sau pe sol.

ghepard

Gheparzii sunt cele mai rapide animale de uscat.

Uite ce rapid sunt!

tăun

Ia uite cum înot!

pește-velier

Feline mari

Ai văzut vreodată pisici întinzându-se, torcând, vânând sau jucându-se? Ei bine, și felinele mari fac la fel!

Greu de zărit

Unele feline mari au **blana pestriță** și se pot ascunde când vânează.

Majoritatea felinelor mari sunt

Tigrul

Tigrii sunt **cele mai mari** și **mai puternice** dintre felinele mari.

Pisica domestică

Dacă îți observi pisica de acasă, vei găsi câteva **asemănări** cu felinele mari!

Vânători perfecți

Felinele mari sunt **carnivore**, adică se hrănesc cu carne. Ele trebuie să vâneze ca să aibă ce mânca.

Leii trăiesc în grupuri (familii) conduse de un mascul.

lei

Leoaica are grijă de pui și vânează cel mai des.

principalii vânători în habitatul lor.

Pantera neagră

Panterele sunt, de fapt, leoparzi negri, însă e greu să le observi **petele**.

Leopardul zăpezilor

Leoparzii zăpezilor au o blană **foarte groasă**, care le ține cald în munți.

Animale **de noapte**

În timp ce tu dormi, o lume secretă **prinde viață**. Fă cunoștință cu ființele ce ies la iveală după lăsarea întunericului. Se numesc animale **nocturne**.

Nasul lung mă ajută să adulmec mâncarea.

porc furnicar

Tatuul are limba foarte lungă ca să prindă furnici.

bursuc

tatu

Mirosul și auzul, pipăitul și văzul ajută

Fenecul

Fenecul este cea mai mică vulpe. Trăiește în deșerturi fierbinți și uscate și **își pândește** prada cu urechile mari.

Ratonul

Cu un incredibil simț al **pipăitului**, ratonii își găsesc drumul chiar și în beznă.

Zbor atât de lin, încât prada nici nu mă aude.

bufniță

Bune pentru noapte

Animalele nocturne au talente speciale, cum ar fi un **văz** sau un **auz** foarte bune, ca să se descurce pe întuneric.

liliac

Am un auz excelent.

Hârjoneala îi ajută pe puii de vulpe să învețe vânătoarea.

vulpi

arici

lup

Lupii au o vedere de noapte grozavă (ca să te vadă mai bine!)

aceste animale să găsească mâncare noaptea!

Pasărea kiwi

Kiwi trăiește în Noua Zeelandă. Nu zboară și nu vede foarte bine, dar are nări pe vârful ciocului, cu care **adulmecă** mâncarea.

Galago

Aceste mici viețăți trăiesc în Africa. Au ochi mari, care le ajută **să vadă**.

Țestoasa și iepurele

A fost odată un iepure **foarte iute de picior**, căruia îi plăcea să se laude cu **viteza** lui.

Într-o zi, o **țestoasă** bătrână și înțeleaptă l-a provocat la **întrecere**.

Cum țestoasa rămasese mult în spate, iepurele s-a gândit să tragă un **pui de somn** la umbra unui copac.

Știind că țestoasele sunt **lente**, iepurele a crezut că va câștiga **fără probleme**.

Iepurele a țâșnit ca o săgeată, în vreme ce țestoasa abia înainta cu pasul ei **greoi și constant**.

În timp ce iepurele dormea, țestoasa l-a ajuns din urmă și l-a și depășit, trecând **linia de sosire**.

Țestoasa a fost **mândră** că nu renunțase, iar iepurele s-a simțit ca un **caraghios** din cauza nesăbuinței lui.

Lucruri foarte importante

despre **oameni**

Modul cum trăim astăzi se datorează oamenilor care au **creat** și **descoperit** lucruri minunate. Am făcut mulți pași înainte de când oamenii trăiau în peșteri, și azi putem vindeca numeroase boli, putem călători în jurul lumii, ba chiar și pe Lună!

Oamenii primitivi

Ceea ce știm despre **primii oameni** se bazează în general pe obiectele făcute de ei și pe picturile din peșteri.

Oamenii primitivi trebuiau să trăiască lângă apă, așa încât numeroase desene reprezintă râuri și pârâuri.

Cum sunt făcute?

Unele desene au fost zgâriate în stâncă, altele, pictate cu un soi de vopsea făcută din **grăsime de animal** și mangal.

Mamuții nu mai există azi.
Ei erau ca niște elefanți mai mari și mai păroși.

Multe picturi din peșteri arată oameni care vânează pentru a avea mâncare.

Indicii istețe

Nu știm multe despre oamenii primitivi, așa că picturile din peșteri ne oferă indicii importante.

Descoperiri **timpurii**

Aceste descoperiri par foarte simple azi, dar au fost atât de importante, încât nu ne putem imagina lumea fără ele.

Focul a fost (și este) o sursă importantă de căldură și lumină.

Focul

Învățând să facă focul, oamenii au putut **găti** mâncarea. În timp, asta le-a schimbat creierul și corpul: au devenit suficient de inteligenți ca să inventeze și să descopere lucruri noi.

Roata

Și azi folosim roți ca să ne deplasăm și să cărăm obiecte **grele**, dar, înainte de a fi inventată roata, puteam doar să le împingem sau să le rostogolim pe bușteni!

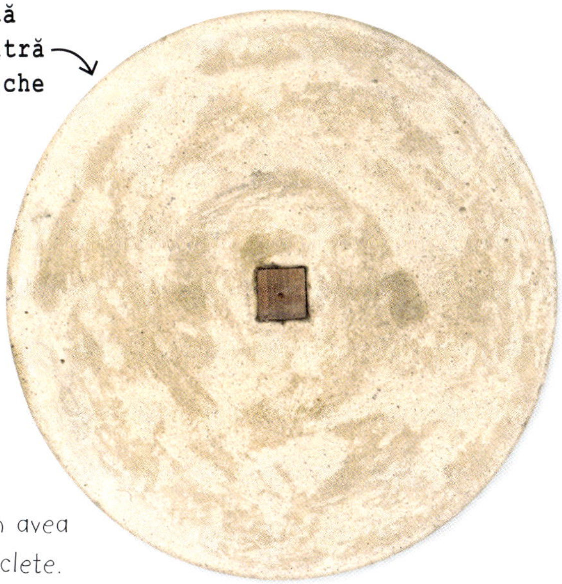

Fără roți nu am avea mașini sau biciclete.

Unelte

Multe ocupații – vânătoarea, croitoria, agricultura – au devenit mult mai simple când oamenii au început să confecționeze și să folosească unelte.

Și azi inventăm tipuri noi de unelte.

Epoca faraonilor

Cu foarte mult timp în urmă, **Egiptul antic** a fost condus de puternicii **faraoni**.

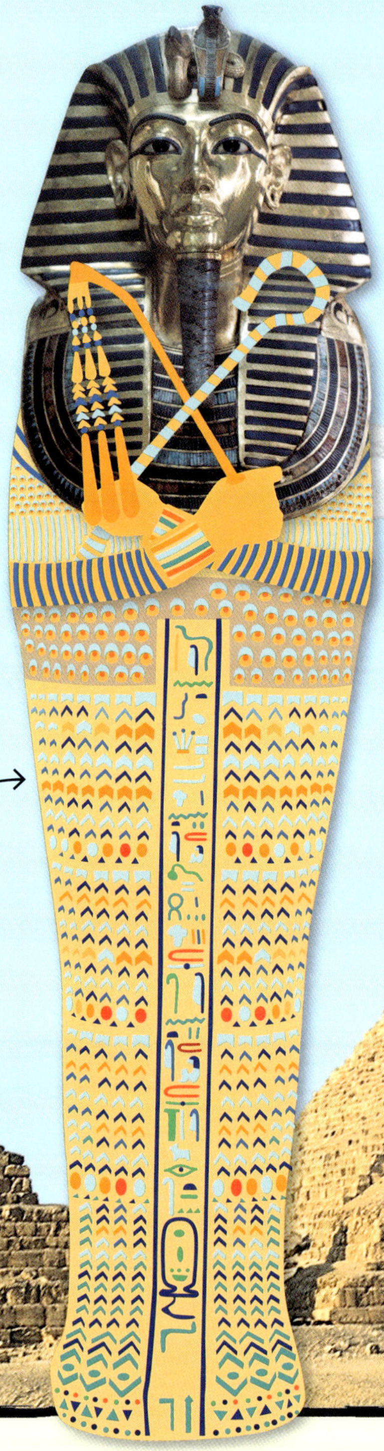

Acesta este sarcofagul faraonului Tutankhamon.

Misterul mumiei

După ce murea, faraonul era transformat în **mumie** și îngropat într-un sicriu împodobit numit sarcofag.

Atunci și acum

Deși au trăit cu mult timp în urmă, vechii egipteni au făcut multe lucruri pe care le facem și noi azi.

SE FARDAU.
Se dădeau cu negru în jurul ochilor.

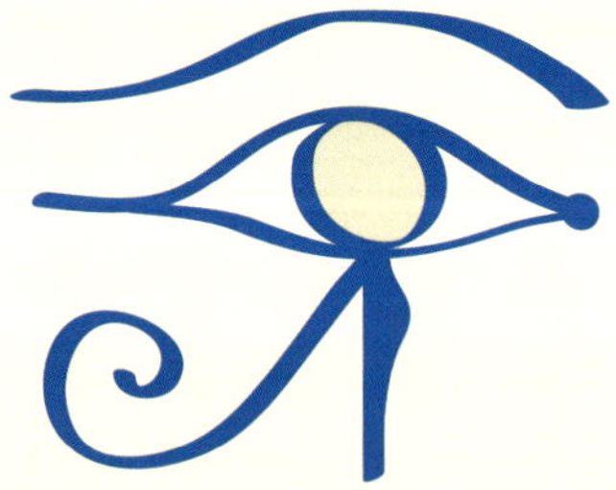

SCRIAU.
Scrisul lor avea și desene.

Înainte de a fi îngropate mumiile erau înfășurate în bandaje.

Cea mai înaltă construcție a lumii antice a fost Marea Piramidă de la Giseh. S-a păstrat până astăzi.

Piramidele au fost construite ca morminte pentru faraoni. Mumiile erau îngropate cu diverse obiecte, de pildă bijuterii.

PURTAU ȘOSETE.
Da, serios!

SE SPĂLAU PE DINȚI.
Au inventat chiar un fel de drajeuri pentru respirație proaspătă!

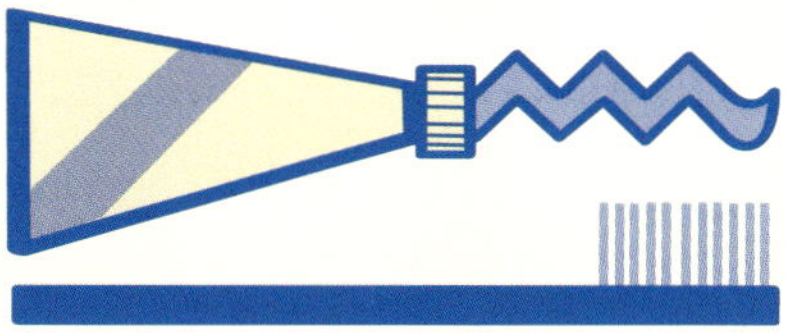

AVEAU PISICI.
Pisicile erau foarte prețuite. Unele au fost transformate în mumii.

China antică

În cursul **îndelungatei** sale istorii, poporul chinez a construit, a descoperit și a inventat numeroase lucruri importante.

armata de teracotă

ceai

mătase

Peste 8 000 de **statuete de soldați** în mărime naturală păzesc mormântul primului împărat al Chinei. Fiecare are o altă față.

Ceaiul e foarte important în istoria Chinei. Mulți oameni încă practică ritualul ceaiului în zilele noastre.

Chinezii și-au dat seama cum să obțină **mătase** din coconii viermilor de mătase și au folosit-o pentru zmeie și haine de lux.

Metoda de a produce mătase a fost ținută mult timp secretă.

Praful de pușcă, hârtia, tiparul și busola sunt deseori considerate cele patru mari invenții ale Chinei.

Praful de pușcă este cel care face artificiile să explodeze.

Busola este o invenție chineză care i-a ajutat pe navigatori și pe exploratori să-și găsească drumul pe mare.

Chinezii foloseau **zmeiele** pentru a stabili viteza vântului și a transmite semnale.

Puține lucruri sunt mai importante decât hârtia. Fără ea, nu ai fi putut citi această carte!

中国

Chinezii nu folosesc litere, ci simboluri.

Aborigeni

Aborigenii au trăit în Australia cu **mult înaintea** altor oameni și trăiesc acolo și în prezent. Stilul lor de viață e același de mii de ani.

Aborigeni înseamnă „primii locuitori”.

Uluru

Foloseau bețe pentru a face focul.

Un popor spiritual

Mulți aborigeni se simt legați de **pământ**. Ei au multe credințe, povești și legende despre cum a fost creată lumea.

Mulți aborigeni povestesc despre facerea lumii

Semne și simboluri

Arta aborigenă folosește simboluri pentru a spune o poveste. Iată semnificația câtorva simboluri.

Urmă de picior

râu

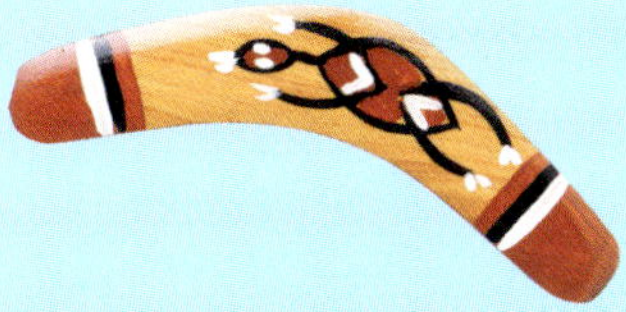

Bumerangul e un băț care se întoarce la cel care l-a aruncat.

Didgeridoo e un instrument muzical străvechi.

O stâncă sacră

Uluru e o stâncă masivă foarte importantă pentru aborigeni. La baza ei se află peșteri pline cu desene străvechi.

prin **CÂNTEC**, **DANS**, **POVEȘTI** și **IMAGINI**.

Oameni în jurul focului

Urme de cangur

Ochi de apă

Romani aproape moderni

Vechii romani au trăit cu mult timp în urmă. Și totuși, multe dintre obiceiurile lor de viață ne par azi cu totul moderne.

Rețea de apă

Romanii au inventat **apeductele**. Aceste poduri speciale transportau apa către orașe și sate.

Băi publice

Majoritatea romanilor nu aveau baie acasă. Mergeau să se spele la băile publice, împreună cu prietenii.

Atunci și acum

Romanii erau foarte isteți. Au folosit sau au inventat o mulțime de lucruri care ne-au rămas până azi.

Au descoperit cum să sufle sticla fierbinte ca să facă pahare.

Aveau toalete și canalizare!

Când a erupt Vezuviul, orașul Pompeii a fost distrus și acoperit cu cenușă.

Romanii aveau stadioane, precum Colosseumul din Roma, unde vedeau spectacole. Acesta există și azi!

Romanilor le plăceau luptele cu gladiatori. Uneori, gladiatorii trebuiau să se lupte cu lei!

Romanii au construit drumuri lungi și drepte.

„Am venit, am văzut, am învins."

Asta a spus odată Iuliu Cezar, un împărat roman. Împărații, deseori însetați de putere, făceau multe cuceriri.

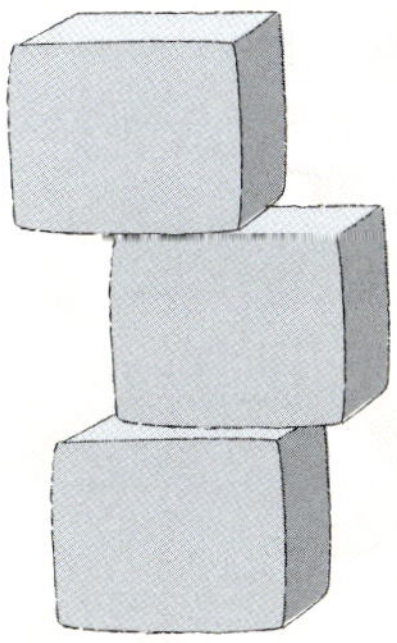

Au fost primii care au folosit betonul în construcții.

Aveau poliție și pompieri!

Vin vikingii!

Veniți din Scandinavia (adică Norvegia, Danemarca și Suedia), vikingii erau temuții luptători, negustori și invadatori ai vechii Europe.

Corăbii sprintene

Corăbiile lungi ale vikingilor erau bune și în ape mai puțin adânci. Puteau astfel să urce pe râuri pentru a ataca prin surprindere.

Luptători vânjoși

Extrem de pricepuți în **atacuri-surpriză**, vikingii erau luptători de temut, care foloseau multe arme și armuri în luptă.

Uneori aruncau în dușmani cu topoare și sulițe ascuțite.

Săbiile vikingilor erau foarte puternice și ascuțite pe ambele laturi.

Zei temuți

Vikingii credeau în zeitățile proprii. Dintre ei făceau parte **Odin**, zeul războiului, **Freyja**, zeița dragostei, și **Thor**, zeul tunetului.

Scuturile vikingilor erau din lemn și aveau mijlocul de fier ca să le protejeze mâna.

Multă lume crede că vikingii aveau coarne pe coifuri, dar nu-i adevărat! Ar fi fost prea ușor să le fie smulse de pe cap.

Indigenii americani

Fie că au fost alcătuite din agricultori, constructori, luptători sau gânditori, multe civilizații antice și-au avut lăcașul în America Centrală și de Sud.

Ce au în comun?

Deși aceste popoare au trăit în locuri și timpuri diferite, cultivarea **porumbului** a fost foarte importantă pentru ele. În plus, toate au construit temple și statui mărețe, și au venerat mulți zei.

vas aztec pictat

Porumbul era o importantă sursă de hrană.

Olmecii

Olmecii sunt cunoscuți mai ales pentru capetele uriașe sculptate în piatră. Se crede că au influențat cultura maya și aztecă.

Mayașii

Maya a fost una din cele mai avansate civilizații antice. Mayașii au inventat un mod de a scrie folosind numere, desene și litere.

Mayașii au studiat cerul și stelele. Urmărind planetele au creat un calendar.

Boabele de cacao se foloseau la prepararea băuturii numite *chocolatl*. Aztecii o beau rece, iar mayașii, caldă.

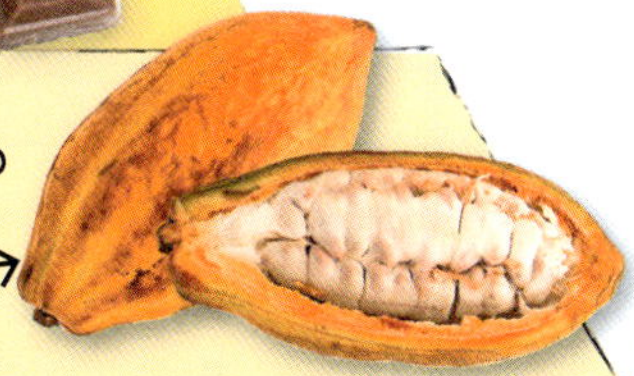

boabe de cacao

Machu Picchu

Machu Picchu a fost un oraș incaș construit în munții Anzi, la mare înălțime.

Azteci

Luptători temuți, aztecii au clădit un adevărat imperiu în centrul Mexicului de astăzi.

lamă din aur

urcior

Incașii

Incașii, cel mai mare imperiu din America de Sud, făceau multe obiecte din aur. Credeau că aurul e transpirația Soarelui!

Băștinașii americani

Cu mult înainte ca Cristofor Columb să traverseze oceanul spre Lumea Nouă, multe triburi băștinașe trăiau deja în toată America de Nord.

Unde trăiau?

Triburile acestea trăiau pretutindeni, din nordul înghețat până în deșerturile din sud. Multe cutreierau marile prerii, dormind în corturi numite tepee.

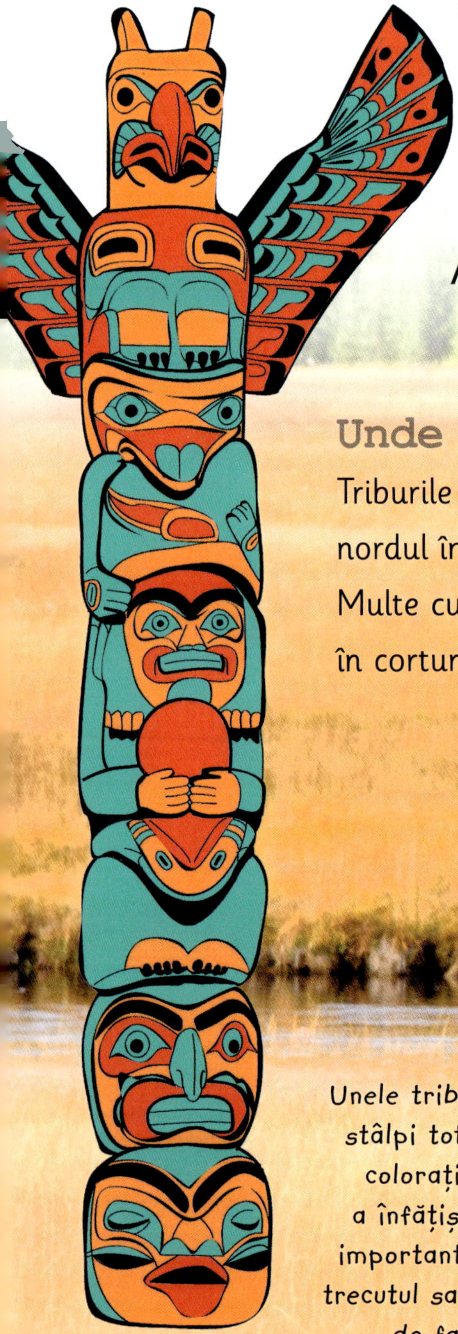

Unele triburi ridicau stâlpi totemici viu colorați pentru a înfățișa lucruri importante precum trecutul sau legendele de familie.

stâlp totemic

Unele triburi credeau că puteau chema ploaia printr-un dans special.

Moduri de viață

Fiecare trib ducea o viață diferită. Unii erau agricultori și pescari, alții, vânători și războinici.

Obiecte deosebite

Băștinașii americani au inventat multe lucruri, inclusiv jocul de lacrosse și săniile-bob.

Acest scut de război era folosit de locuitorii din Taos Pueblo.

Luptătorii respectați ai unor triburi purtau coroane de pene.

Tomahawkul era un tip de topor folosit drept unealtă sau armă.

Porumbul era o cereală importantă și o sursă de hrană.

Sărbători și festivaluri

Vechi sau noi, mari sau mici, importante sau doar amuzante, **festivalurile** sunt un mod în care oamenii se pot aduna laolaltă și pot sărbători!

ianuarie

Revelionul marchează începutul unui nou an (deseori cu focuri de artificii).

februarie

Ziua Marmotei e o sărbătoare tradițională americană în cinstea sosirii primăverii.

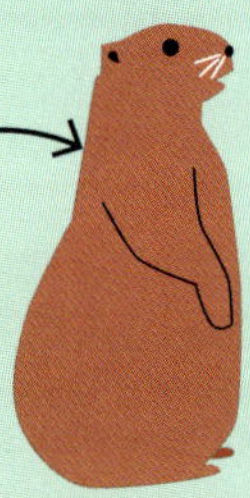

martie

De **Hinamatsuri**, japonezii expun păpuși pentru a le ura tinerelor fericire și sănătate.

iulie

Vă puteți închipui ce se face la **Festivalul Noroiului** din Coreea de Sud!

august

Awa Odori e un festival japonez de dans tradițional, ținut în stradă.

septembrie

Locuitorii din Africa de Sud își sărbătoresc cultura de **Ziua Tradiției** cu mese festive.

Diwali

La festivalul hindus al **luminii**, oamenii se roagă să aibă noroc.

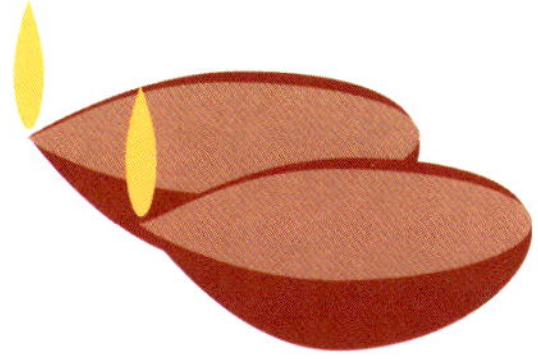

Anul Nou chinezesc

O sărbătoare foarte importantă la chinezi, care cheamă norocul.

Pesach

O sărbătoare religioasă care celebrează fuga evreilor conduși de **Moise** din Egipt.

Eid al-Fitr

Musulmanii sărbătoresc sfârșitul Ramadanului cu o masă plină de **delicatese**.

aprilie

Songkran e sărbătoarea Anului Nou în Thailanda, când se organizează bătăi publice cu apă!

mai

Cinco de Mayo (cinci mai) comemorează o victorie a mexicanilor prin parade, dansuri și banchete.

iunie

În cea mai scurtă zi din an, indigenii din Anzi sărbătoresc **Inti Raymi**, festivalul incaș al soarelui.

octombrie

De **Halloween**, copiii se îmbracă în costume înfricoșătoare și mănâncă dulciuri.

noiembrie

De **Ziua Morților**, mexicanii își pomenesc morții cu mâncare și decorațiuni.

decembrie

Crăciunul e sărbătoarea creștină a nașterii lui Isus.

Bravi **exploratori**

Acești **călători** extraordinari au ajuns în diferite părți ale lumii, permițând unor culturi separate să afle unele de altele.

Cristofor Columb

Columb a fost primul **european** care a pus bazele unei colonii în America, dar aici trăiau deja popoare băștinașe.

Gertrude Bell

Gertrude Bell a explorat istoria și culturile **Orientului Mijlociu**. Ea a fost spion britanic în timpul celui de-al Doilea Război Mondial.

Marco Polo

Marco Polo a petrecut 24 de ani călătorind prin **Asia**. S-a întors în Europa și a povestit despre numeroasele invenții ale chinezilor.

Ibn Battuta

După ce și-a petrecut toată viața călătorind prin Africa, Asia și Orientul Mijlociu, Battuta a scris o **carte** despre experiențele trăite.

Zheng He

Exploratorul chinez Zheng He a condus peste 300 de corăbii în **șapte expediții** de explorare a Asiei și Africii.

Inventatori importanți

Aceste **minți luminate** sunt printre inventatorii ale căror idei au schimbat lumea în care trăim.

Până să inventeze **Cai Lun hârtia**, oamenii scriau și desenau pe pereții peșterilor, pe mătase sau chiar pe oase!

Cai Lun a făcut hârtie din plante stoarse de sevă.

Fără **Johannes Gutenberg**, n-ai fi putut citi această carte! **Presa tipografică** i-a ajutat pe oameni să-și comunice ideile și poveștile.

Michael Faraday a fost un expert în electricitate. A lucrat cu electricitate și magneți și a creat primul **motor electric**.

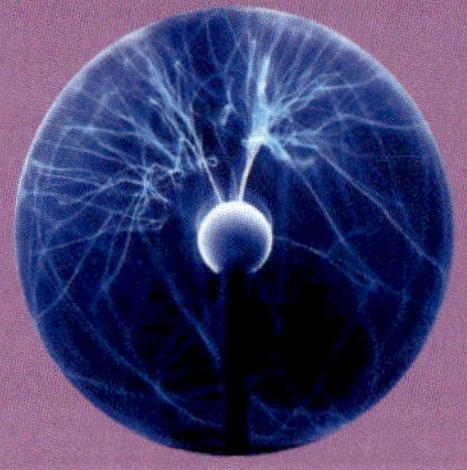

Faraday a făcut și alte descoperiri folosind electricitatea.

Cea mai bună idee a lui **Thomas Edison** a fost să creeze un **bec** mai eficient. Fără munca lui, ai fi citit această carte la lumina lumânării!

În toată viața lui, Edison a inventat mii de alte lucruri.

Frații Wright, Orville și Wilbur, au zburat spre cer cu primul **aeroplan** cu motor.

Elicele sunt rotite de motor pentru a pune în mișcare aeroplanul.

Tim Berners-Lee a avut ideea de a face toate calculatoarele din lume să comunice între ele. Rețeaua lor poartă numele **World Wide Web**.

Oameni de **știință**

Oamenii de știință ne ajută să înțelegem lumea.
Fără ei, am ști **mult mai puține** decât știm.

Galileo Galilei a fost un geniu care a inventat un nou **telescop** și a arătat că obiectele grele nu cad mai repede decât cele ușoare.

Ca să dovedească, Galileo a dat drumul unor obiecte de pe Turnul înclinat din Pisa.

După ce a văzut un măr căzând din pom, **Isaac Newton** a decis să afle de ce cad lucrurile. (Răspunsul? **Gravitația**.)

Newton a construit și el un nou tip de telescop.

Studiind animalele și fosilele, **Charles Darwin** a observat că speciile de animale au suferit schimbări lente în timp. Așa a ajuns să formuleze teoria **evoluției**.

Marie Curie a descoperit, prin experimente, fenomenul **radioactivității**. A câștigat DE DOUĂ ORI Premiul Nobel, pentru fizică și pentru chimie.

Albert Einstein a dovedit că **spațiul** și **timpul** sunt părți ale aceluiași întreg (**spațio-timp**). El a studiat și viteza luminii.

Specialiștii au studiat creierul lui Einstein ca să-i înțeleagă inteligența.

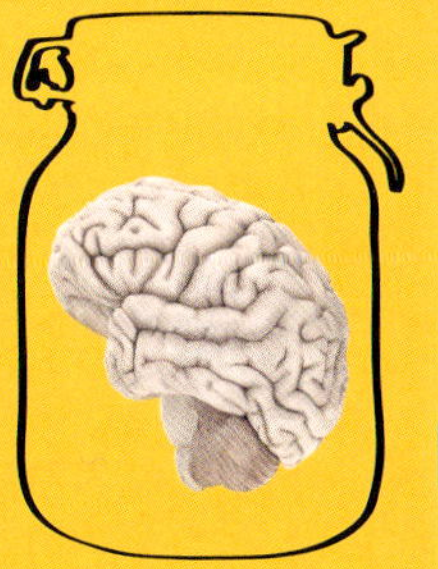

Jane Goodall a studiat **cimpanzeii** în sălbăticie vreme de 50 de ani. Ea a descoperit că aceștia au personalitate și emoții, exact ca noi!

Călătorii pe **uscat**

Ai observat vreodată câte feluri de vehicule circulă pe șosea? Sunt o mulțime!

Mașini comode

Cu mașina poți merge repede și departe. Unii conduc mașini rapide de plăcere.

mașină

bicicletă

La drum!

Vehiculele ne ajută să transportăm oameni și obiecte **mult mai repede** decât mergând pe jos. Le cunoști pe cele de aici?

Fermierii folosesc tractoare pentru a-și face treaba.

tractor

motocicletă

tren

Trenurile circulă cu viteză. **Trenul** din **Maglev Shanghai** e cel mai rapid din lume. Dispare la propriu într-o clipită!

rulotă

camionetă

taxi

Taxiurile îi duc pe oameni unde vor ei.

camion

În BUCUREȘTI, taxiurile sunt galbene.

basculantă

mașină de pompieri

Vehiculele serviciilor de urgență au sirene pentru a-i atenționa pe ceilalți șoferi.

Spre mare

Călătorii pe **mare**

Lumea noastră e plină de apă – în oceane și râuri, în canale și lacuri. **Bărcile și navele** ne permit să le străbatem.

vapor de croazieră

Mișcări pe mare

Navele se deplasează pe apă în diferite moduri. Majoritatea au motoare, însă altele sunt împinse de **vânt**.

vas de pescuit

Vasele de croazieră sunt ca niște hoteluri plutitoare. Sunt atât de mari, încât au restaurante, piscine și chiar terenuri de tenis!

barcă cu vâsle

barcă cu motor

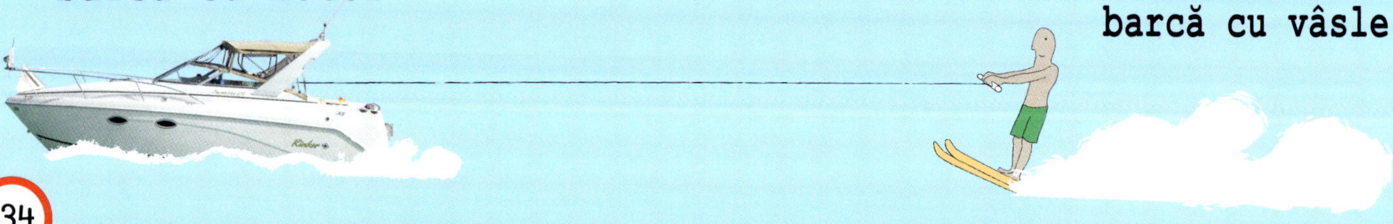

Cargoboturile transportă încărcături **GRELE** pe apă.

cargobot

Navele, mai mari și mai solide, sunt mai bune decât avioanele să care obiecte grele.

iaht

Aceste bărci se mișcă dacă suflă un vânt mai tare.

skijet

remorcher

Micile remorchere sunt suficient de puternice pentru a trage vase mult **MAI MARI**.

joncă chinezească

aeroglisor

Aeroglisoarele au o pernă uriașă de aer cu care se pot deplasa pe apă și pe uscat.

Călătorii prin aer

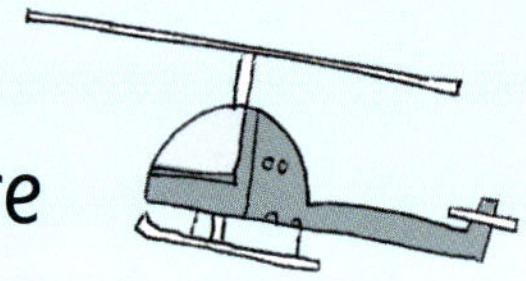

Hai să ne aventurăm puțin în aer! Să fie aceea o pasăre mecanică uriașă? Nu, e un **avion**, care se înalță cu mare viteză. Oare încotro zboară astăzi?

Biplanurile sunt un tip vechi de avioane, dar piloții zboară și azi cu ele.

În viteză

Avioanele sunt cel mai rapid mijloc de a străbate lumea. Înaintea lor, oamenii călătoreau pe apă, adică mult mai lent.

Piloți antrenați

Cei care conduc avioane se numesc piloți. Pentru asta e nevoie de mult exercițiu și pricepere.

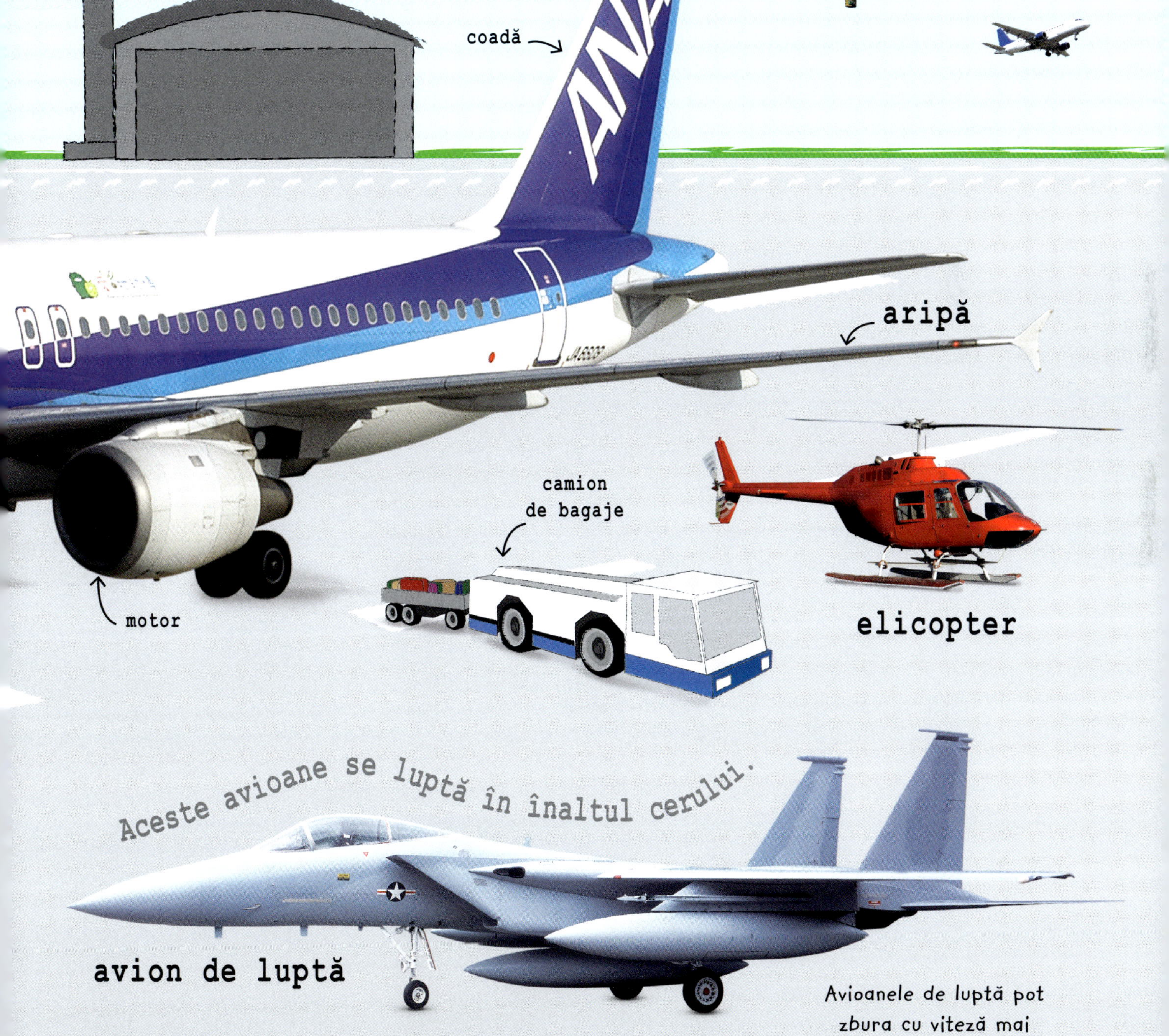

Avioanele de luptă pot zbura cu viteză mai mare ca a sunetului!

Turnuri triumfale

Clădirile moderne se înalță tot mai mult spre cer. Par să nu se mai sfârșească. Nu e de mirare că li se spune **zgârie-nori**!

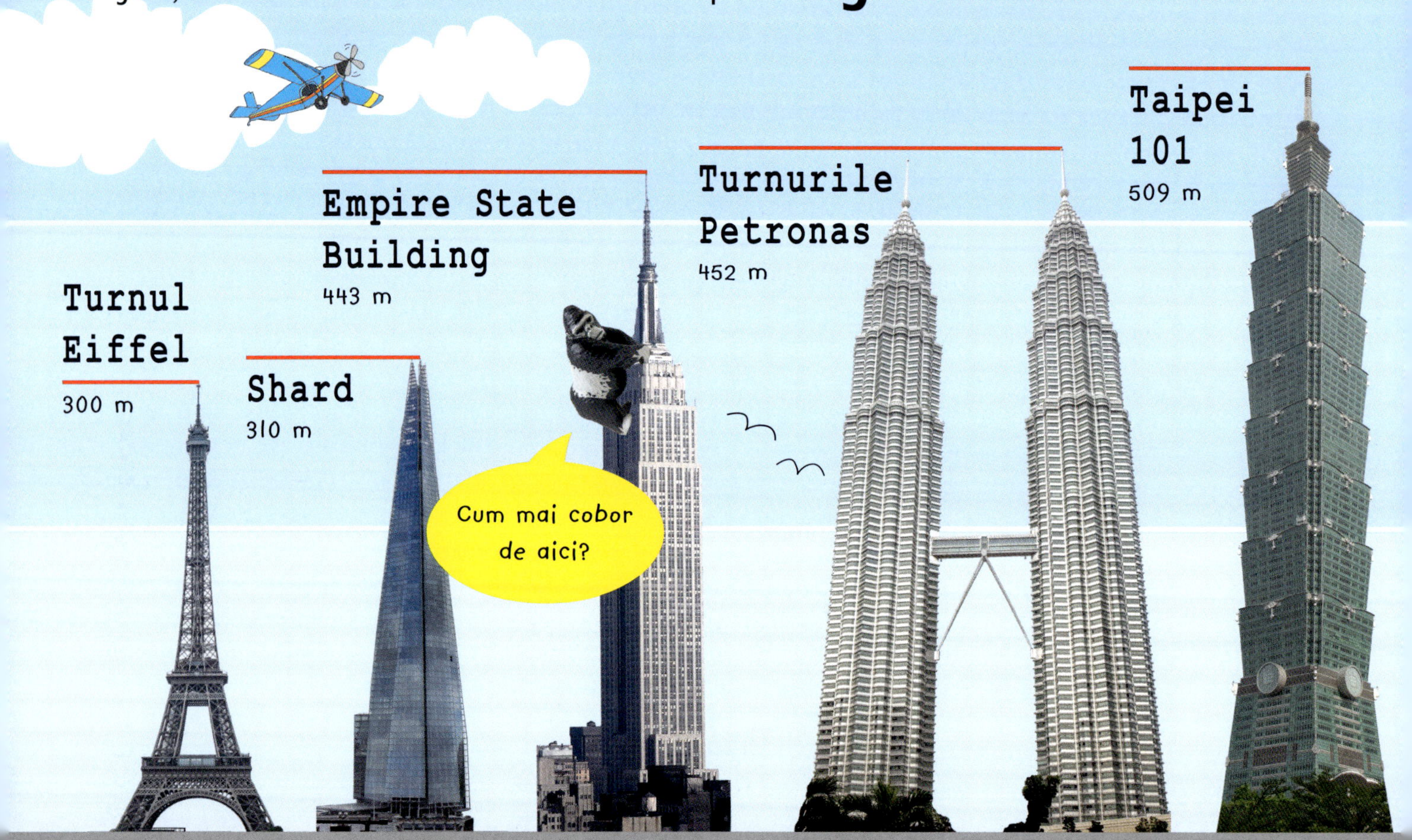

Chiar acum arhitecți pricepuți găsesc

Locuri celebre

Clădirile nu trebuie să fie înalte pentru a fi cunoscute. Iată alte câteva construcții faimoase din lumea întreagă.

Angkor Wat

Turnul înclinat din Pisa

E înclinat fiindcă e prea greu pentru terenul moale pe care a fost construit.

Constructori curajoși

Oamenii care proiectează aceste clădiri se numesc **arhitecți**. E o meserie care cere mult efort și multe planuri.

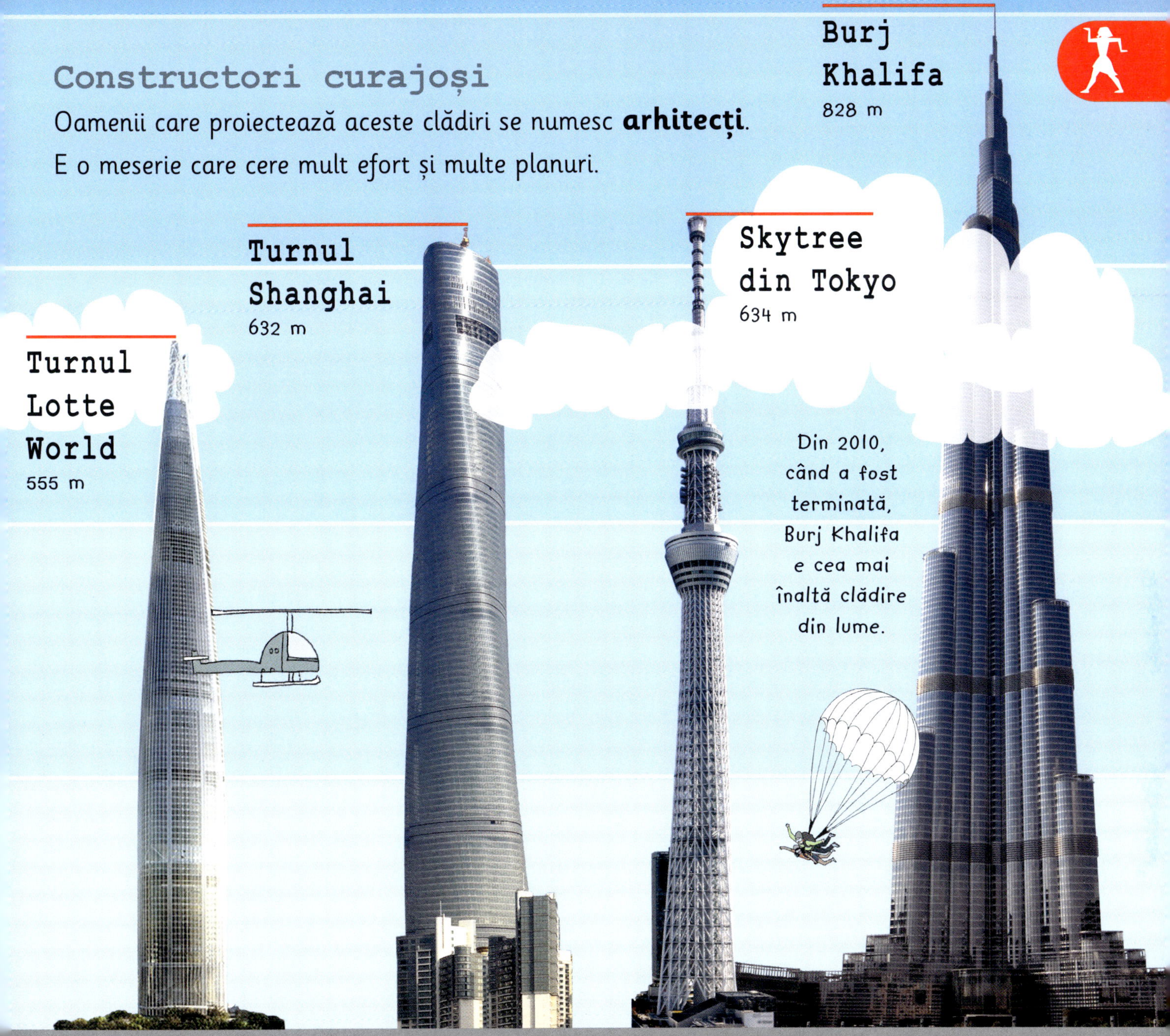

Din 2010, când a fost terminată, Burj Khalifa e cea mai înaltă clădire din lume.

metode de a construi clădiri și mai înalte!

Taj Mahal

Acest palat minunat din India e mormântul soției unui împărat.

Orașul Interzis

Împărații Chinei au locuit în acest palat timp de sute de ani.

Vreau să mă fac **astronaut!**

Crezi că ai calitățile necesare pentru a deveni astronaut? Ține-te bine!

3...2...1... DECOLĂM!

Animalele au călătorit în spațiu înaintea oamenilor.

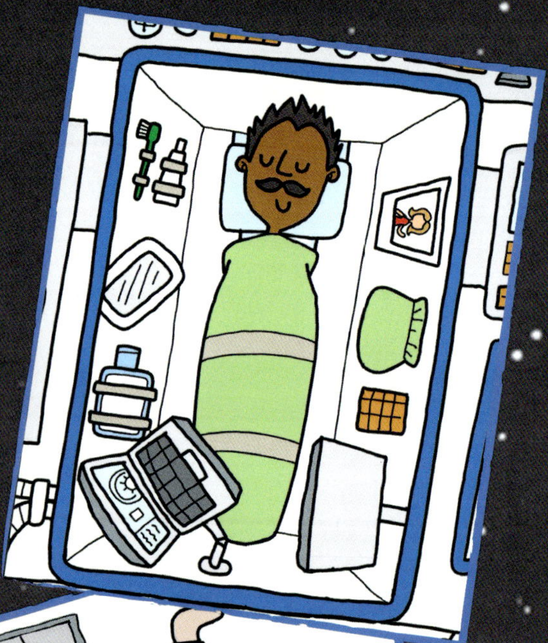

Astronauții sunt legați de pat când dorm ca să nu plutească!

Până și astronauții au timp liber să se distreze.

Viața în spațiu

Nu e **ușor** să fii astronaut! Viața în spațiu diferă de cea de pe Pământ în multe feluri:

- Mâncarea e special pregătită de oameni de știință pe Pământ ca să se păstreze mult timp.
- Toaletele sunt altfel decât cele de pe Pământ. Funcționează cam ca un aspirator!
- În spațiu nu există zi și noapte, deci astronauții trebuie să respecte strict orele de somn.

Astronauții poartă costume speciale când ies în spațiu. Costumele le dau oxigen ca să respire și îi protejează de frig.

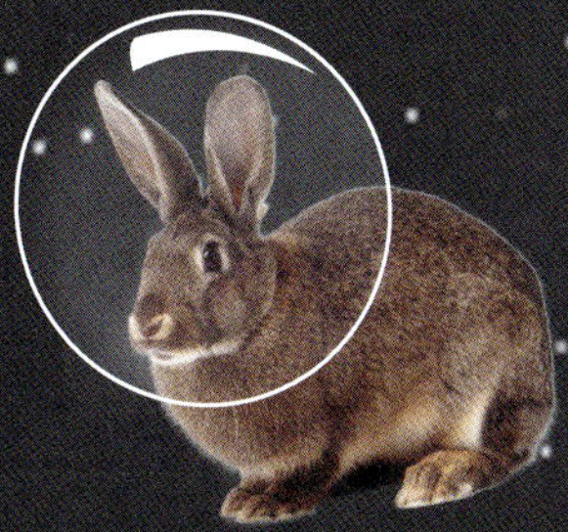

Totul plutește

În spațiu, **gravitația** (forța ce ține lucrurile pe sol) e slabă. Astronauții trebuie să se obișnuiască să vadă obiectele plutind în jur.

Mișcarea e foarte importantă în spațiu!

Primii pași pe Lună

În anul 1969, toată planeta a urmărit cum trei astronauți curajoși deveneau primii oameni care **călătoreau pe Lună**. Această misiune importantă a fost numită **Apollo 11**.

Trei americani pe nume Neil Armstrong, Buzz Aldrin și Michael Collins au avut norocul să fie aleși pentru această misiune.

Specialiștii de la NASA au muncit mult ca lansarea să se desfășoare **fără probleme**.

Racheta a țâșnit dintr-un loc numit Cape Kennedy, SUA, în iulie 1969.

Racheta a călătorit prin spațiu pentru a ajunge pe Lună. În acest timp, astronauții au făcut experimente și **au trimis mesaje** către oamenii de știință de pe Pământ.

În cele din urmă au ajuns pe Lună! Au aterizat pe suprafața ei cu un vehicul mic numit „Vulturul". Armstrong a coborât pe o scăriță și a pășit pe sol.

În acest timp, peste 500 de MILIOANE de oameni din toată lumea urmăreau evenimentul la televizor.

Lucruri foarte importante

despre **mine**

Chiar acum îți folosești nu **numai** ochii pentru a citi această carte. Creierul tău muncește ca să te facă să vezi cuvintele și să le înțelegi. Corpul tău e o **mașinărie** uimitoare, și această parte a cărții e despre **TINE** și lucrurile importante din viața ta.

Corpul uman

Corpul tău e o mașinărie uimitoare! Înăuntrul lui sunt multe părți care lucrează împreună.

Scheletul

Scheletul tău e făcut din **oase**. Datorită lui, corpul își păstrează forma.

Organele

Fiecare organ are o **sarcină** de îndeplinit ca să poți funcționa.

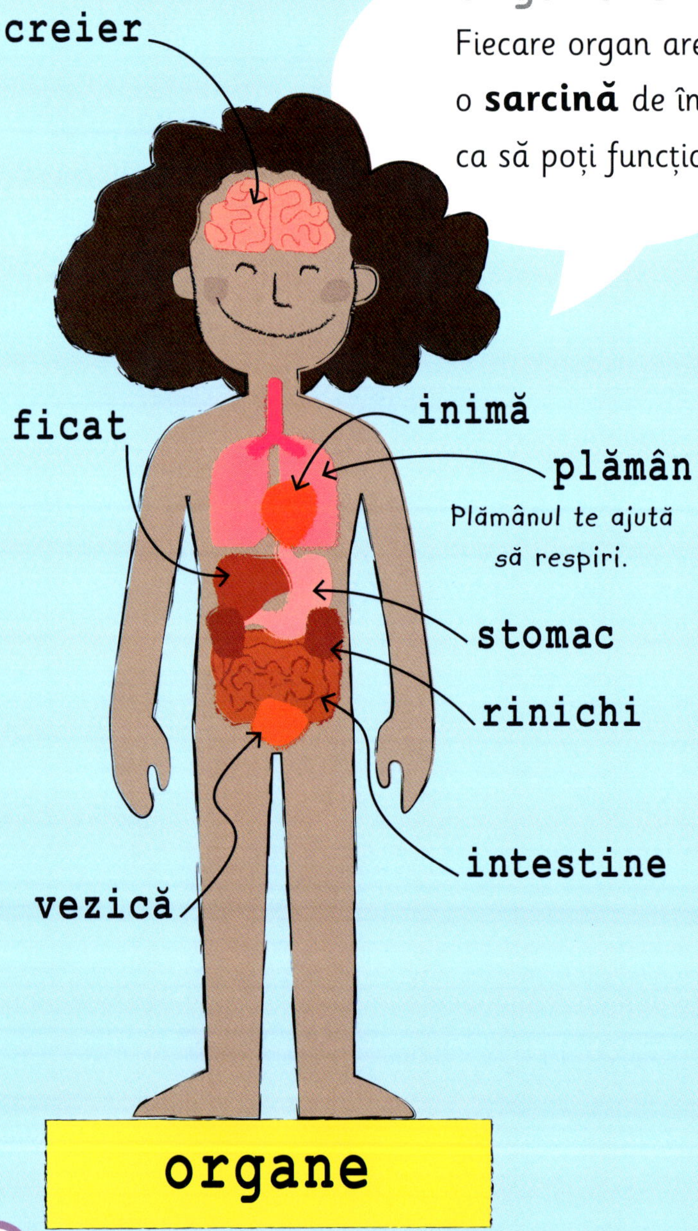

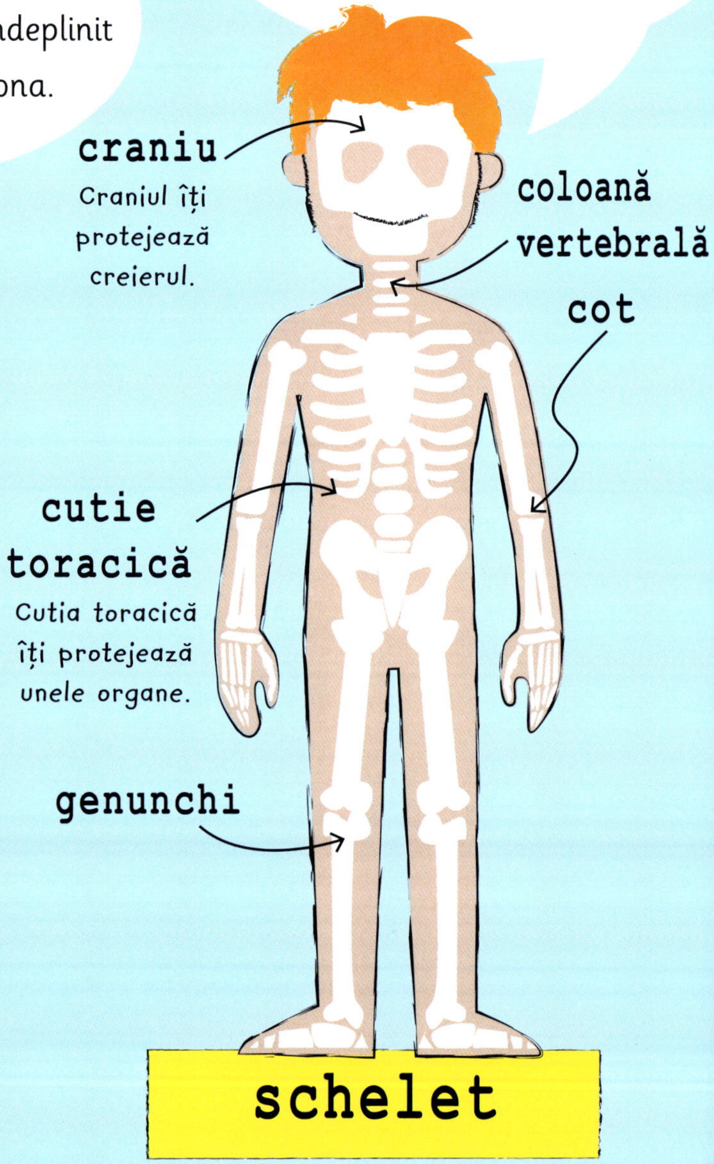

Mușchii

Mușchii îți permit să te **miști**. Ai nevoie de ei ca să alergi, să sari, să zâmbești, să ridici obiecte și multe altele.

Pielea

Pielea îți acoperă corpul pentru **a** te **proteja**. Este cel mai mare organ.

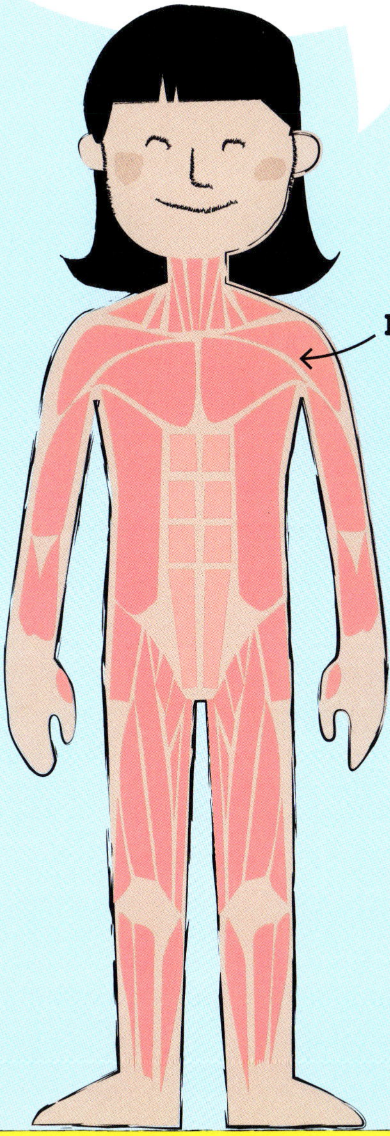

mușchi

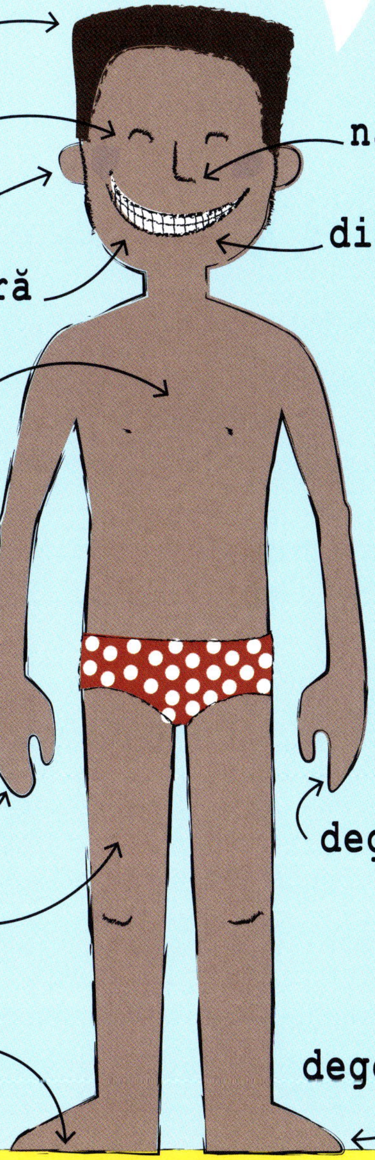

corp

Sângele meu

Oricine are nevoie de oxigen pentru a trăi. Îți intră în plămâni când respiri, și sângele îl **transportă** prin tot corpul.

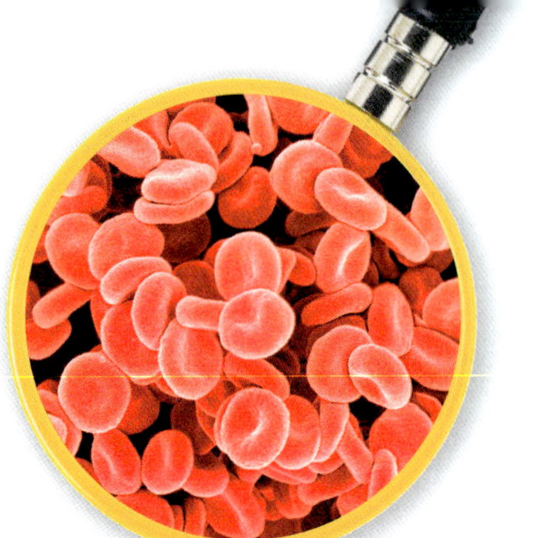

Ce e sângele?

Sângele e un amestec dintre un lichid numit „plasmă“ și multe, multe chestii mici de tot numite „celule“.

Sângele circulă cu viteză prin niște tuburi numite „vase de sânge”.

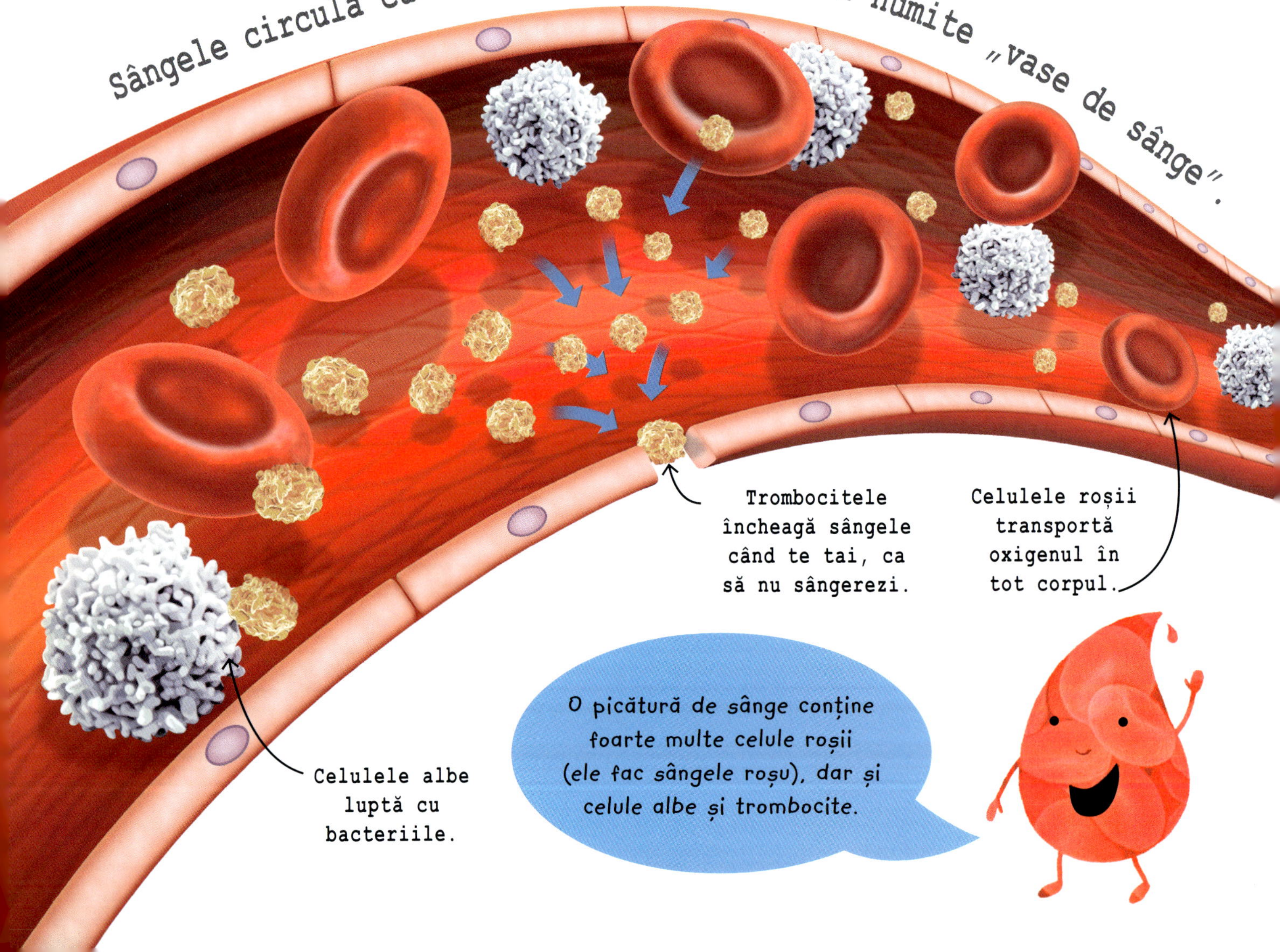

INIMA ta pompează sânge în tot corpul, sus până în **CREȘTET** și jos până în **DEGETELE** de la picioare.

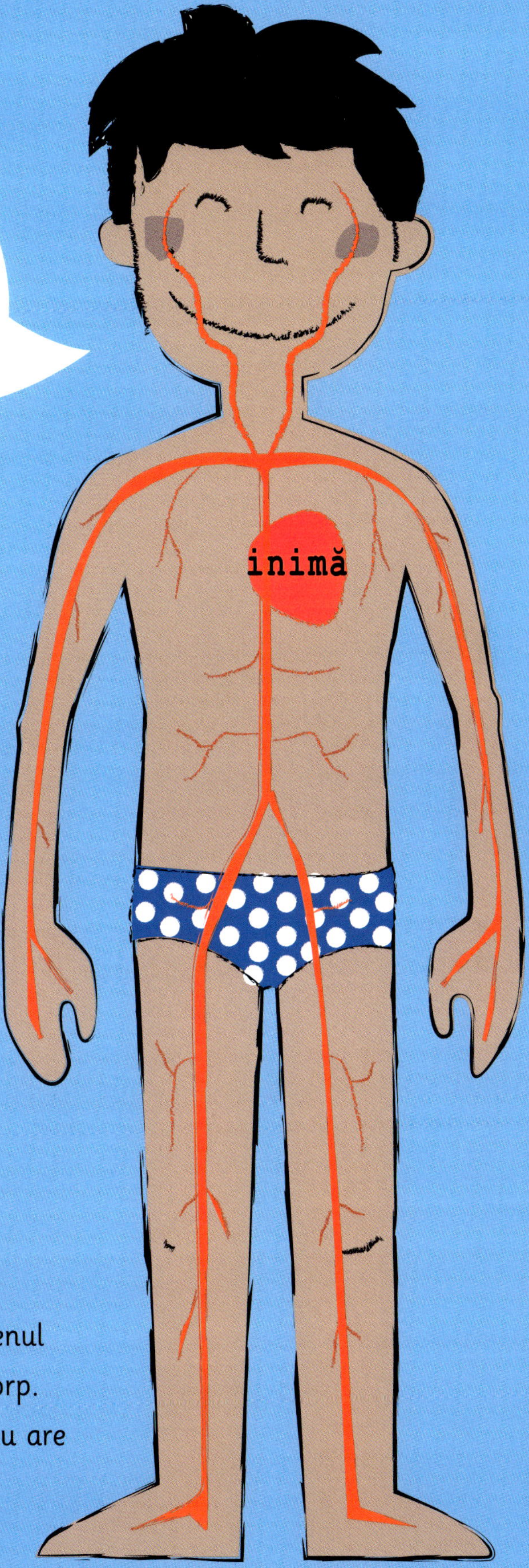

O celulă sangvină străbate tot corpul în 60 de secunde!

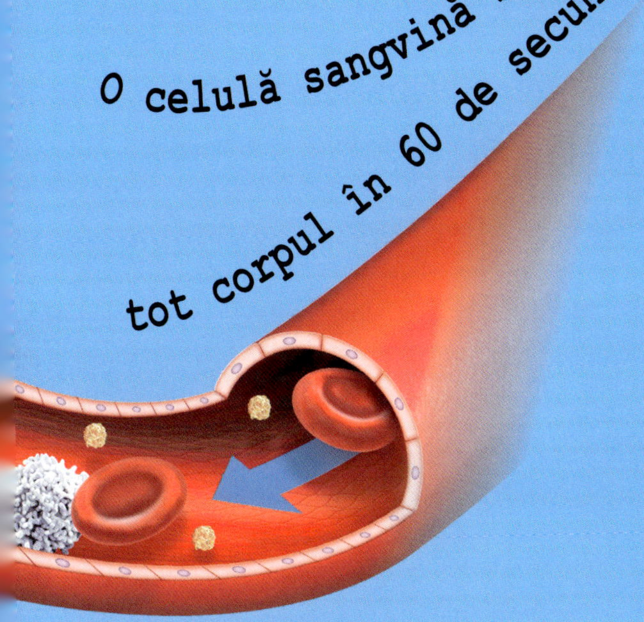

Face curățenie

Sângele nu doar transportă oxigenul și alte substanțe importante în corp. El cară și resturi de care corpul nu are nevoie, ca să fie eliminate.

Senzați-onal

pipăitul

mirosul

văzul

auzul

gustul

Uneori lumea pare amețitoare, dar cele cinci **simțuri** lucrează împreună cu creierul nostru ca s-o putem înțelege și să luăm contact cu ea.

Poți atinge și simți lucruri cu **mâinile** (sau cu orice parte a corpului, de fapt).

Penele sunt moi la atingere, dar un cactus țepos e neplăcut!

Nasul tău detectează **mirosuri** (plăcute și neplăcute). Fără miros nu prea ai avea nici gust.

Ochii funcționează împreună ca să poți **vedea** lumea și să te orientezi în ea.

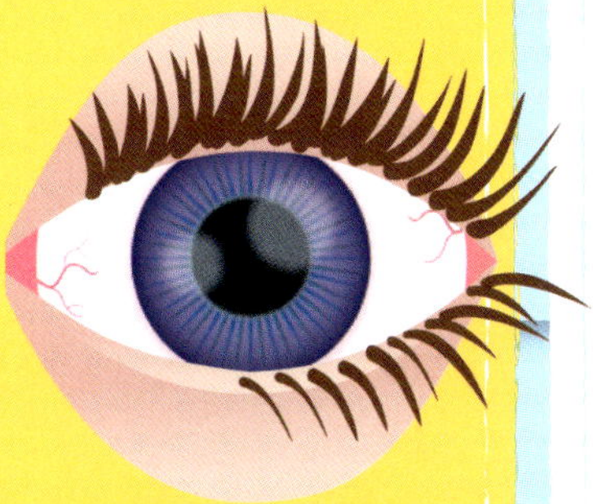

Specialiștii spun că senzațiile de foame, sete sau mâncărime sunt **simțuri în plus**. Iată și altele:

Durerea nu e plăcută, dar e modul prin care corpul îți transmite că ceva nu e în regulă.

Simțul echilibrului ne ține drepți și ne împiedică să cădem.

Ai observat că poți simți dacă un lucru e rece sau fierbinte fără a-l atinge?

Sst! Urechile te ajută **să auzi**. Ele nu încetează niciodată să asculte, chiar și când dormi!

Cel mai mic os din corpul tău se află în ureche.

Limba are niște papile minuscule care îți permit să simți **gustul** mâncării.

Creierul folosește mai multă **ENERGIE** decât orice altă parte a corpului.

Muncă în echipă

Deoarece creierul are **ATÂT** de multe de făcut, părțile lui lucrează împreună, chiar și atunci când dormi.

gândire

Creierul meu

Ascuns înăuntrul capului,
creierul tău lucrează **tot timpul**.
Nu poți face nimic fără el!

emoții

respirație

citit

mișcare

amintiri

studiu

Creierul **DIRIJEAZĂ** tot corpul, spunând celorlalte părți (de exemplu, ochilor și urechilor) ce să facă.

atingere

joacă

vorbire

Ora de culcare

Când închizi ochii și vrei să te **odihnești**, somnul e **exact** ce-ți trebuie!

De cât somn avem nevoie?

Deși dorm FOARTE MULT, bebelușii se trezesc între reprizele de somn.

bebeluși aproape tot timpul!

Aproape toată lumea visează când doarme, dar

Animale somnoroase

Nu doar oamenilor le place să doarmă. De fapt, multe animale au obiceiuri ciudate sau uimitoare legate de somn.

Unele mamifere, precum **aricii**, hibernează. Asta înseamnă că dorm toată iarna.

Drepnelele sunt păsări foarte iuți care pot dormi în zbor!

De ce avem nevoie de somn?

Somnul ajută corpul să se vindece, să crească și să rămână sănătos. În plus, ne dă energie, ca să putem fi activi toată ziua.

Odihna și un program fix înainte de culcare sunt importante pentru copii.

Adolescenții au nevoie de multă energie ca să se poată transforma în adulți.

Cu vârsta, ai nevoie de tot mai puțin somn.

copii
10-12 ore

adolescenți
8-10 ore

adulți
6-8 ore

nu întotdeauna ne amintim ce am visat.

Simpaticilor **koala** le place somnul și dorm cam 18 ore pe zi.

Girafele nu au nevoie de mult somn. De obicei dorm în picioare!

Mâncare bună

Mâncarea ne face sătui, vioi și sănătoși (dacă mâncăm ce e bun!). Hai să vedem câteva alimente gustoase!

Ananasul e foarte dulce și zemos.

ananas

mazăre

paste

Există multe forme de paste.

Fructele

Eroi inegalabili în lumea mâncării, fructele conțin toate lucrurile bune care te fac sănătos.

Legumele

Încearcă mereu **să mănânci verdețuri** (și legume de orice culoare). Ele fac mâncarea mai gustoasă și mai sănătoasă.

Glucidele

Pastele, orezul, cartofii și pâinea sunt alimente care îți dau **energie** ca să poți să alergi și să te joci.

Glucidele se mai numesc și carbohidrați.

UN MILIARD de oameni din toată lumea mănâncă **INSECTE**.

Laptele conține substanța numită calciu, care e foarte bună pentru tine.

prăjitură

Proteinele

Mâncărurile bogate în proteine, cum ar fi fasolea, nucile și carnea, ajută corpul **să se refacă** și să crească.

Lactatele

Un mod ideal de a-ți păstra dinții și oasele sănătoase e să mănânci lactate, alimente făcute din **lapte**.

Brânza, untul și iaurtul se obțin din lapte.

Dulciurile

Nu e sănătos să mănânci multe alimente care conțin grăsimi sau zahăr, însă din când în când poți **să te răsfeți** cu ceva dulce.

Să **comunicăm**!

E important să le spui celorlalți ce gândești și ce simți și e foarte bine că există multe feluri de a face acest lucru.

Scrisul e simpatic

Cititul și scrisul sunt și ele moduri de a comunica. Alfabetul sau sistemul grafic diferă de la o limbă la alta, așa că limbile scrise nu arată la fel.

Toate aceste cuvinte înseamnă „BUNĂ!”.

Bună!

română

नमस्ते

hindi

السلام علیکم

urdu

你好

chineză

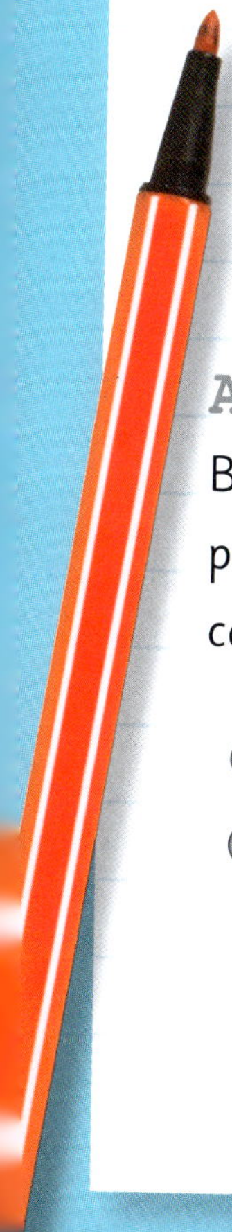

Alfabetul Braille

Braille e un sistem de scriere ce folosește puncte în relief drept litere. Astfel, oamenii care nu văd pot citi cu degetele, nu cu ochii.

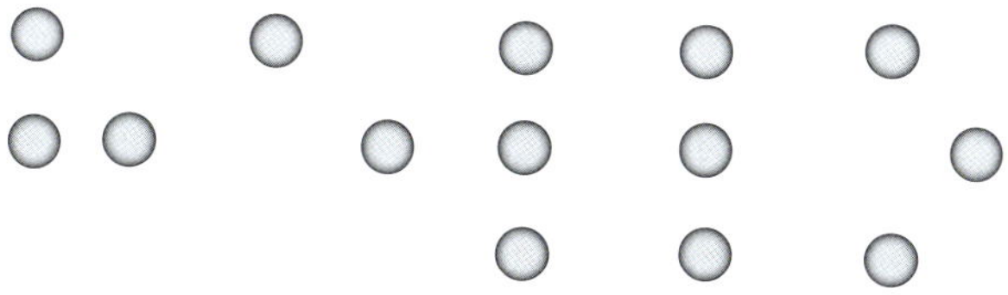

„Bună!” în Braille

Emoticoane

În mesajele digitale, putem exprima ce simțim nu doar prin cuvinte, ci și prin fețe expresive și imagini.

Miracolul **muzicii**

Există multe tipuri și stiluri de **muzică** și aproape tot atâtea moduri de a o simți și înțelege.

Sunt o mulțime de instrumente muzicale, dar e nevoie de **timp** și de **exercițiu** pentru a deveni un interpret foarte bun.

Vocea și **gura** sunt instrumente remarcabile. Le poți folosi ca să cânți, să fredonezi sau să fluieri!

Muzica e deseori scrisă ca să știi ce notă urmează să cânți.

cânt

interpretez

Instrumente interesante

E ușor să înveți să cânți la trianglu, dar e greu să cânți bine!

În China se cântă la pipa (o lăută) de peste 2 000 de ani.

La cimpoi se cântă în Scoția. Foarte TARE!

Deși e foarte mare, harpa scoate un sunet delicat.

Muzica ne poate **influența** în multe feluri: ne liniștește, ne înviorează sau ne ajută să ne concentrăm.

Uneori, ritmurile muzicii ne îndeamnă la **mișcare** și dans.

Există multe tipuri și feluri de muzică.

ascult

Dansul poate fi foarte amuzant!

dansez

Artele plastice

Dacă pictezi, desenezi, faci fotografii sau sculptezi înseamnă că vrei să creezi lucruri frumoase.

Poți să creezi ceva nou decupând și făcând colaje.

Această statuie a fost sculptată dintr-o singură bucată de marmură!

Sculptura

Sculpturile sunt o formă de artă tridimensională. Pot fi realizate din aproape orice material, de la marmură la deșeuri!

Pictura

Cu o pensulă, vopsea și puțină îndemânare, oamenii pot crea imagini frumoase pe pânză sau pe hârtie.

Fotografia

Aparatele foto îți permit să surprinzi un moment anume sau să vezi lumea din unghiuri diferite.

Aparatele foto absorb lumina și o transformă în imagini.

Desenul

Folosind creioane, pixuri, carioci sau chiar un calculator, poți mâzgăli, face schițe sau desena.

Mozaicurile

Această formă străveche de artă constă în lipirea unor bucățele de ceramică laolaltă ca să obții o imagine mai mare.

Cum să te faci **bine**

Ce facem dacă nu ne simțim bine? Putem merge la medic. Cunoștințele și instrumentele medicale ne pot face din nou bine.

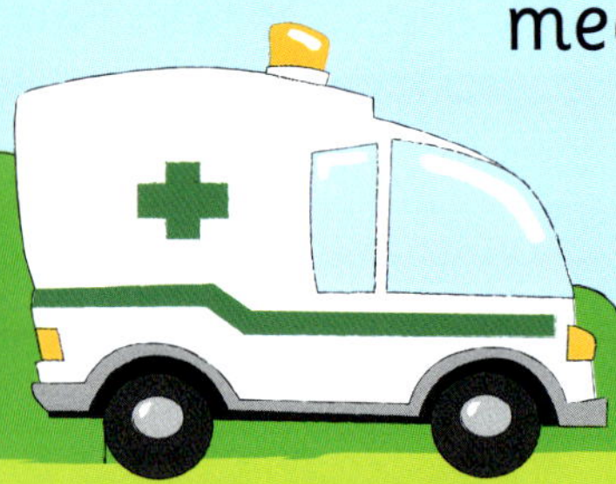

Miracolul medicinei

Iată câteva progrese în medicină care îi ajută pe oameni să trăiască mai mult și mai sănătos.

Vaccinurile

Edward Jenner a descoperit că oamenii pot fi **protejați** de unele boli dacă li se dă o părticică din ea.

Stetoscopul

Cu stetoscopul medicii pot să asculte inima și plămânii ca să vadă dacă sunt probleme.

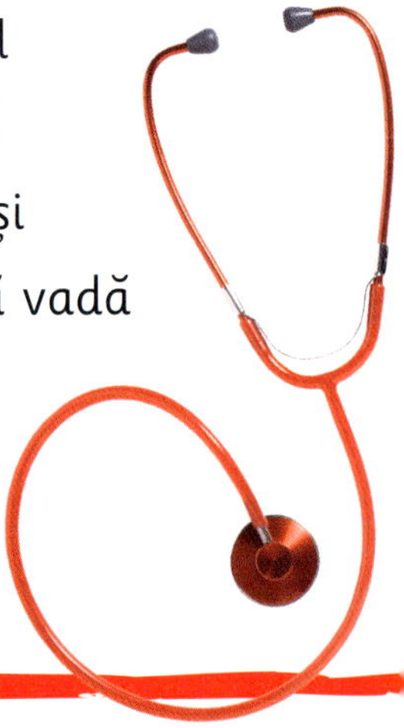

Transplantele

Dacă inima cuiva nu mai funcționează bine, poate obține **una nouă** de la un donator.

Termometrul

O temperatură mai mare a corpului poate fi semn de febră. Termometrul îi ajută pe medici să măsoare **temperatura**.

Razele X

Doctorii folosesc razele X pentru a fotografia dinții și **oasele** și a vedea dacă sunt rupte.

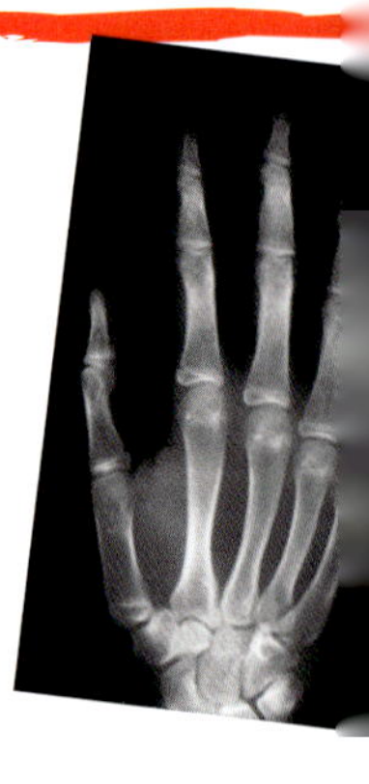

Prevenția

Medicii se pricep să ne vindece, dar mult mai bine e să ne ferim de lucrurile care ne pot îmbolnăvi!

Plasele de insecte mă împiedică să înțep oamenii și să împrăștii boli.

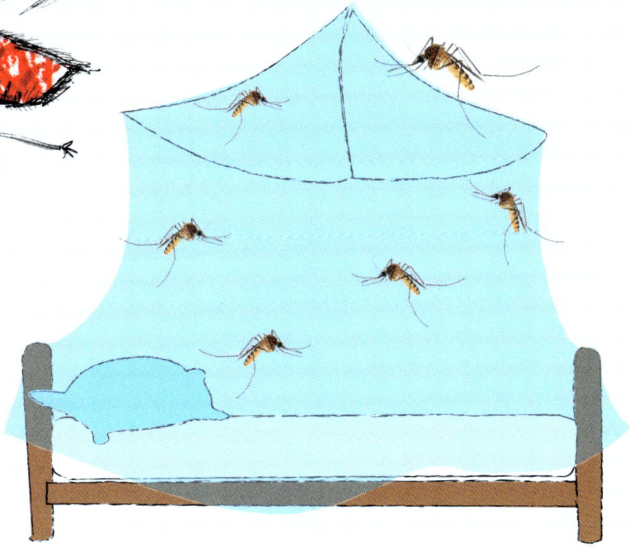

Antibioticele

Antibioticele sunt medicamente importante care luptă cu **infecțiile** grave din organism.

Ghipsul

Ghipsul protejează **oasele** rupte și le ține nemișcate ca să se vindece cum trebuie.

Protezele

Oamenii rămași fără un braț sau un picior îl pot înlocui cu o **proteză**. Unele proteze pot fi controlate de creier.

Chirurgia

Operațiile laparoscopice sunt mai sigure și mai puțin invazive decât cele clasice.

Ultrasunetele

Ultrasunetele lasă medicii să urmărească imagini în mișcare dinăuntrul corpului. Se folosesc adesea pentru a vedea **bebelușul** în burta mamei.

Camerele de filmat

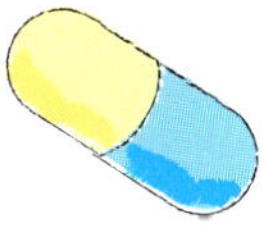

Capsulele endoscopice sunt camere foarte mici, care se înghit. Medicii pot astfel să se uite în corpul tău.

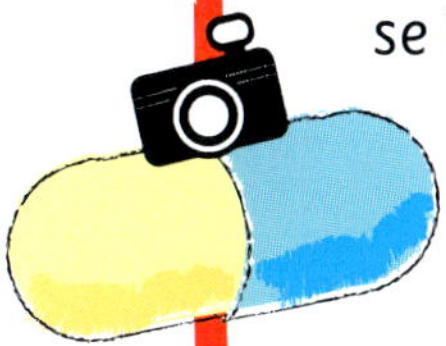

Animale de companie

Animalele de companie pot trăi în casă sau în grădină, și ne sunt buni prieteni. Au nevoie de multă **dragoste** și **îngrijire**, dar devin adevărați membri ai familiei!

Numeroase familii au în casă un câine sau o pisică.

Câinii

Cunoscuți drept cei mai buni prieteni ai omului, câinii sunt deștepți, iubitori și fideli. Ei au nevoie de **plimbări** zilnice și trebuie **antrenați**.

Pisicile

Jucăușe și drăgăstoase, pisicile sunt o **companie foarte plăcută** în casă, dar le place și să alerge și să se joace pe-afară – când nu trag câte un pui de somn.

Păsările

Păsările au nevoie de o **colivie** mare în care să poată zbura. Papagalii pot trăi 90 de ani, deci sunt o mare **responsabilitate**!

Peștii

Dacă vrei să ții pești, ai nevoie de un **acvariu** mare și curat, cu locuri bune de ascuns și câțiva **prieteni înotători**.

Găinile

Cel mai bine e să ai un grup format din câteva **găini** și un **cocoș**. Au nevoie de spațiu să se plimbe și de un coteț curat în care să doarmă.

Iepurii

Iepurilor le place să fie mângâiați, dar nu și luați în brațe. Au nevoie de **prieteni** urecheați, de mult **fân** și de o **casă mare** unde să poată alerga.

Numere haioase

3, 2, 1…
Decolăm!

Numerele ne ajută să înțelegem lumea din jur. În general le folosim pentru a face calcule sau a măsura lucruri (și pentru a afla când e ziua noastră de naștere!), dar unele numere sunt **într-adevăr** deosebite.

0

Pare neînsemnat, dar încearcă să numeri, să spui cât e ceasul sau să ții un scor fără **zero**!

3,14

Matematicienii folosesc numărul „pi“ pentru a calcula sume dificile. Îl prescurtăm la 3,14, dar, de fapt, e **MULT** mai lung.

Pi are de fapt un număr nesfârșit de cifre!

4

Acest număr poartă **ghinion** în China, Japonia și Coreea, căci seamănă cu cuvântul „moarte“.

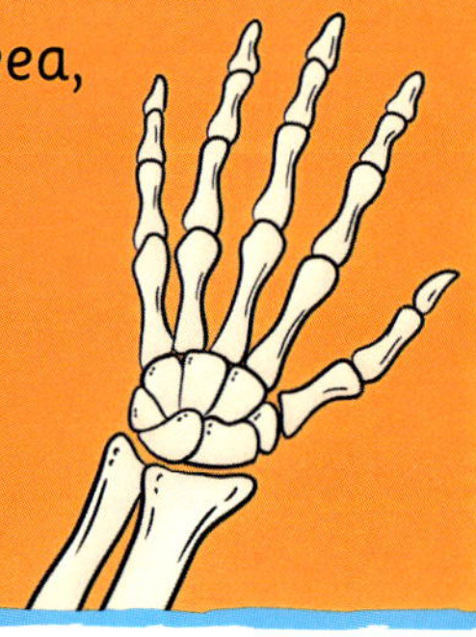

31

Acesta e numărul de **litere** din alfabetul limbii române.

52

Într-un an sunt 52 de **săptămâni**. Atât durează o rotație completă a Pământului în jurul Soarelui.

60

Numărul acesta e util când măsurăm **timpul**. Un minut are 60 de secunde, iar o oră are 60 de minute.

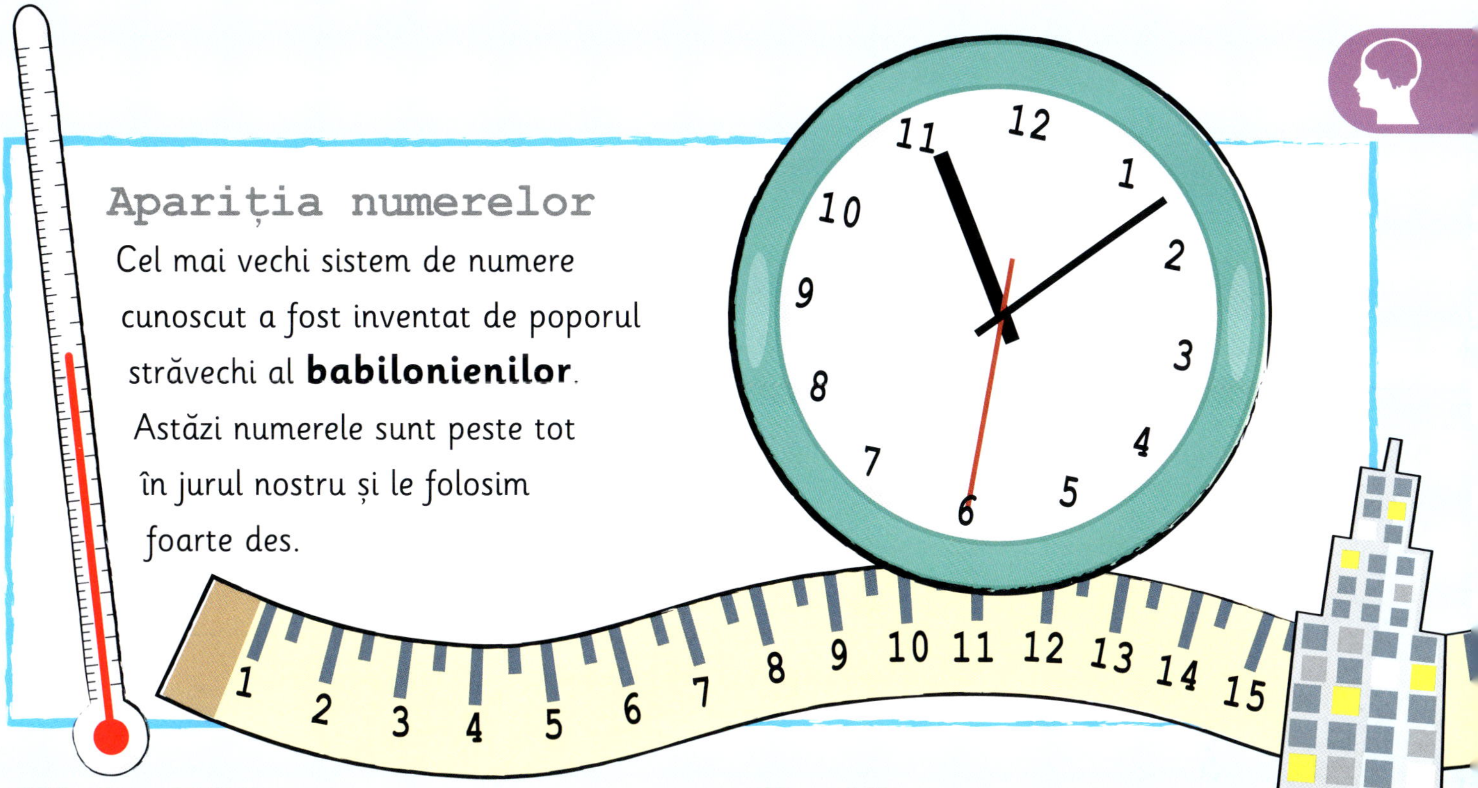

Apariția numerelor

Cel mai vechi sistem de numere cunoscut a fost inventat de poporul străvechi al **babilonienilor**. Astăzi numerele sunt peste tot în jurul nostru și le folosim foarte des.

7

O **săptămână** are șapte zile. Șapte e un număr norocos în multe țări.

10

Sistemul nostru de calcul se bazează pe numărul 10, probabil fiindcă avem **10 degete**.

13

Mulți cred că 13 e număr cu ghinion. Sunt clădiri care nu au etajul 13!

88

În China, numărul 8 e considerat aducător de noroc și de sănătate. Ce e mai bun decât un opt? Doi de opt!

365

Ține minte acest număr! El îți arată câte zile trebuie să aștepți de la o **zi de naștere** la alta.

∞

Acest simbol înseamnă **infinit**. Nu e un număr, dar înseamnă ceva ce nu are sfârșit. E imposibil să numeri până la infinit.

Măsurăm timpul

Nu putem vedea sau simți timpul, dar tot ce facem durează un timp. Timpul e important când ne facem un program zilnic. Tu ce program ai?

7:00 7:15 7:30 12:00

Cât e ceasul?

Nu putem simți timpul, dar îl putem măsura cu ajutorul numerelor următoare.

Într-un **minut** sunt **60 de secunde**. Cam atât îți ia să te încalți.

Într-o **oră** sunt **60 de minute**. Cam atât durează o oră la școală (cu pauză cu tot).

16:30 | 19:00 | 20:30 | 21:00

O **zi** întreagă (inclusiv noaptea) are **24 de ore**. Atât îi ia Pământului să se rotească o dată în jurul său.

Într-o **săptămână** sunt **7 zile**, așa că nu e niciodată prea mult până la weekend!

Greierele și furnica

Într-o zi frumoasă de **primăvară**, un greiere cânta la chitară, când o furnicuță trecu pe lângă el...

– Furnicuțo, vino să cântăm împreună un cântec!

– Trebuie să mă pregătesc pentru iarnă. Și tu ar trebui.

Greierele începu să râdă. Prea multă muncă strică. În plus, până la iarnă mai era **mult**, iar acum avea din belșug de mâncare.

Vara veni și trecu, iar greierele continuă să lenevească. Furnica îi amintea să se **pregătească** pentru iarnă, dar greierele n-o asculta.

În anul acela, iarna veni mai repede decât de obicei și-l luă pe greiere prin surprindere. Îi era **frig** și **foame**, și nu găsea nicăieri mâncare sau adăpost.

„Furnicuța avea dreptate!" se gândea el trist. „La anul n-o să mai fiu atât de nechibzuit." Noroc că furnica fu de acord **să împartă** cu el ce avea. Greierele a învățat de atunci cât de important e să muncești serios și să fii pregătit pentru orice.

Iată acum **alte** câteva

lucruri foarte importante

Din paginile ce urmează poți să-ți faci o idee despre **ȘI MAI MULTE** lucruri minunate ce așteaptă a fi descoperite. Dă paginile mai departe și află despre zodii, cum se numesc unele insecte, cum se spune „Bună!“ în mai multe limbi și multe, multe altele!

„Bună ziua!”...

Peste tot în lume, oamenii se salută în diferite **moduri**. E bine să știi cum se spune **„Bună!“** în mai multe limbi.

franceză
Bonjour
(bon-jur)

chineză
Nĭhăo
(ni-hau)

engleză
Hello
(he-lou)

portugheză
Olá
(o-la)

suedeză
Hej
(hei)

japoneză
Konnichiwa
(co-ni-ci-ua)

spaniolă
Hola
(o-la)

germană
Guten Tag
(gu-tăn tag)

hawaiiană
Aloha
(a-lo-ha)

Alfabete

Unele limbi, precum japoneza sau chineza, folosesc alte alfabete sau sisteme de scriere decât al nostru. Deci „bună ziua“ va fi scris altfel decât îl vezi aici.

olandeză
Goed dag
(gut darg)

...și „La revedere!”

Acum, că știi cum se spune „Bună ziua!“, află cum arată și sună cuvintele care înseamnă **„La revedere!“** în diferite limbi.

franceză
Au revoir
(or-voar)

chineză
Zàijiàn
(zei-ji-an)

engleză
Goodbye
(gud-bai)

portugheză
Adeus
(a-de-us)

suedeză
Hej då
(hei dou)

japoneză
Sayonara
(sa-io-na-ra)

spaniolă
Adiós
(a-di-os)

hawaiiană
Aloha
(a-lo-ha)

germană
Auf Wiedersehen
(auf vi-der-ze-ăn)

Dacă înveți limbi străine, te poți împrieteni cu oameni din toată lumea!

olandeză
Tot ziens
(tot zins)

Culori de curcubeu

Ochii noștri sunt remarcabili. Datorită felului în care primesc lumina, putem vedea un întreg curcubeu de culori.

stea de mare roșie

portocale

struguri indigo

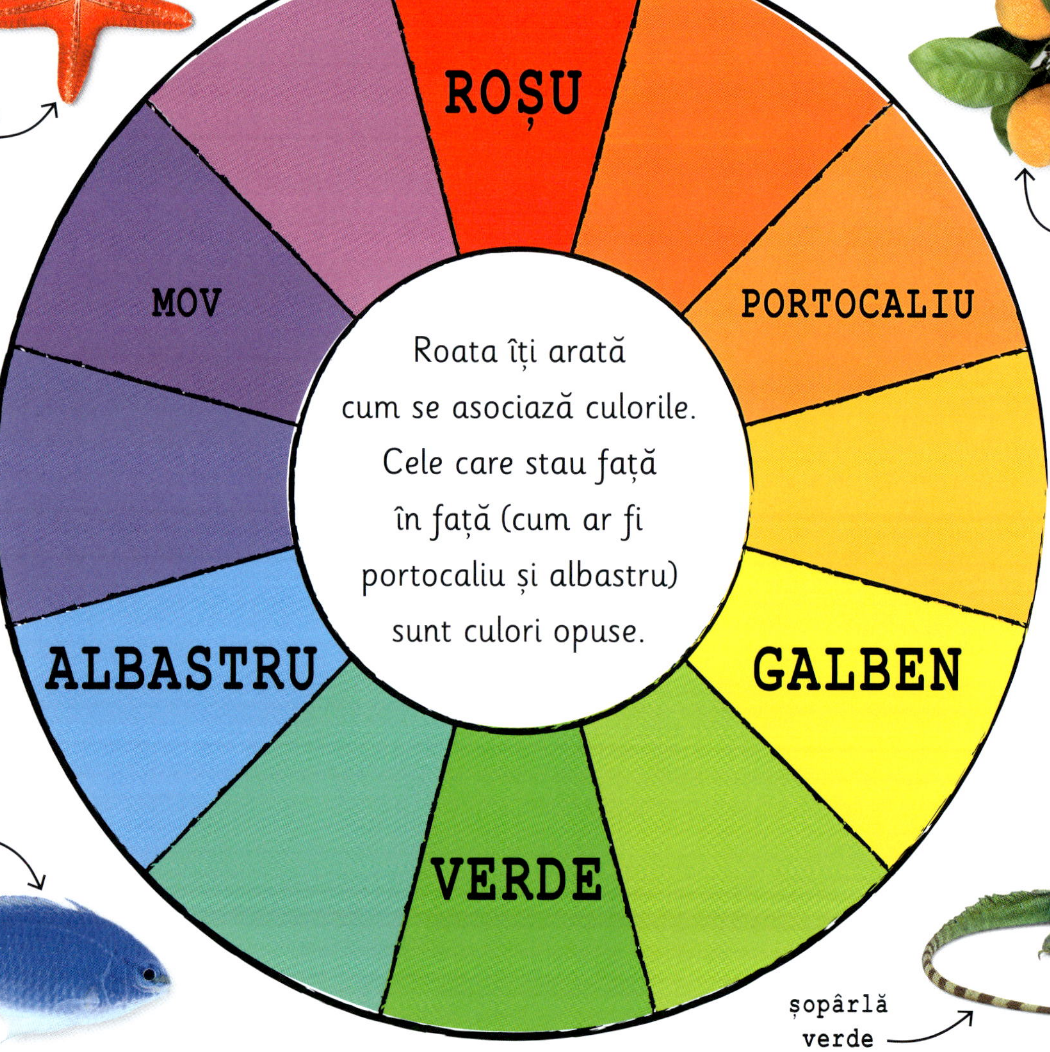

fluturi galbeni

pește albastru

șopârlă verde

Unele animale, inclusiv **CÂINII**, văd **MAI PUȚINE** culori

O lume colorată

Amestecând culorile, putem obține unele noi. Roșu, galben și albastru sunt **culori primare** deoarece amestecându-le între ele obținem o mulțime de alte culori.

Unii tucani au ciocuri colorate. Animalele pot avea culori aprinse pentru a speria prădătorii sau pentru a-și atrage partenerul.

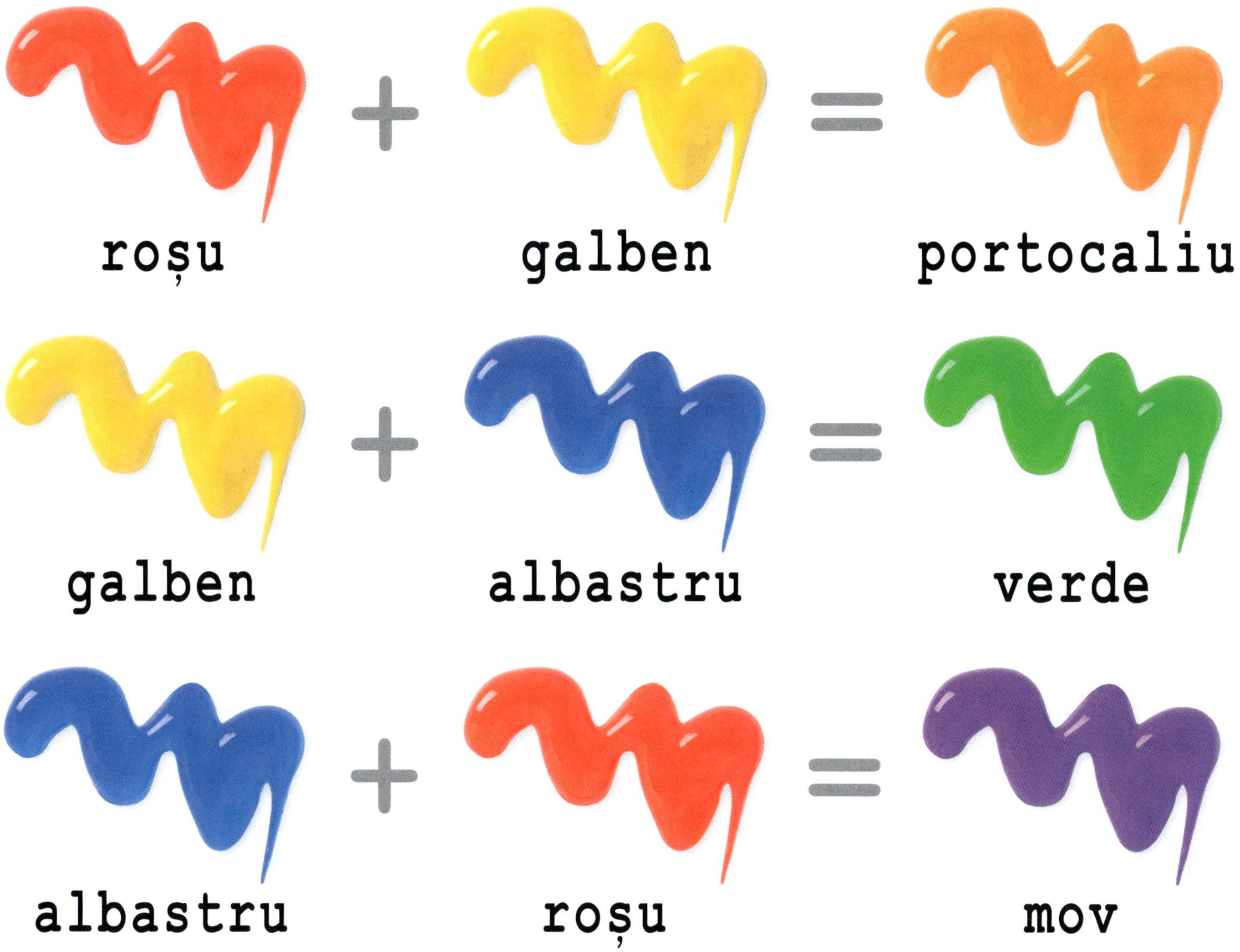

decât noi. Altele, cum sunt **FLUTURII**, pot vedea **MAI MULTE**.

Forme frumoase

Fie că au margini ascuțite, curbe răsucite sau colțuri, formele sunt peste tot în jurul nostru.

Formele **BIDIMENSIONALE** sunt **PLATE**. Ele se văd în întregime pe hârtie.

pătrat

dreptunghi

inimă

oval

Cercurile și ovalurile nu au colțuri!

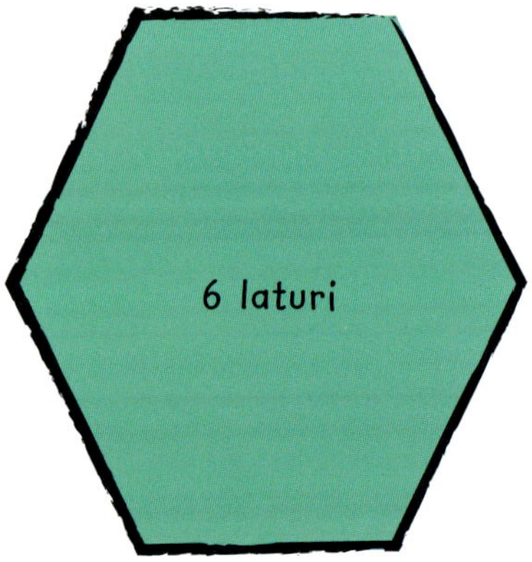

hexagon

cerc

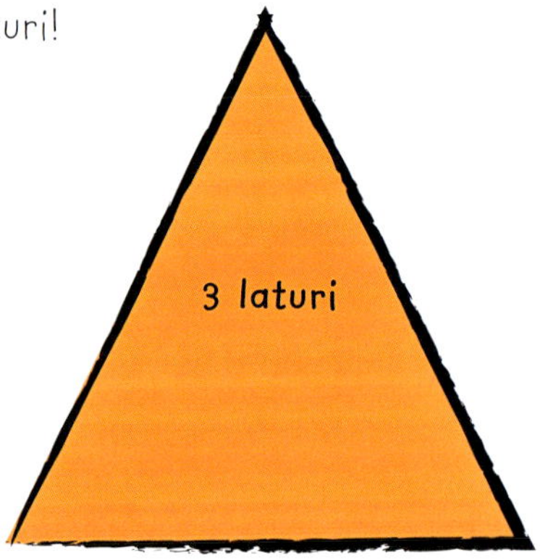

triunghi

Aceste forme sunt **TRIDIMENSIONALE**. Ele se regăsesc în obiectele **SOLIDE** pe care le putem vedea și atinge.

con

cub

Cuburile au 6 fețe, însă nu le vezi pe toate pe hârtie.

paralelipiped

elipsoid

sferă

piramidă

Această piramidă are o bază pătrată și patru triunghiuri ce se unesc în vârf.

Fructe cu fibre

Deși sunt de forme, mărimi și **culori** diferite, toate fructele au semințe. Fructele sunt pline de substanțe bune, deci încearcă să mănânci câteva **zilnic**.

ananas

măsline

avocado

lămâie

papaya

struguri

banană

pepene roșu

kiwi

carambola

caisă

cireșe

mure

physalis

măr

prune

piersică

Coaja tare protejează fructul.

litchi

smochine

clementine

căpșuni

afine

Legume

Consumul de **legume** crude sau fierte este benefic pentru sănătate. Încearcă să le mănânci la fiecare masă!

ghimbir

salată verde

broccoli

usturoi

țelină

cartofi

mazăre

zucchini

sparanghel

conopidă

morcovi

ridichi

gulie

Morcovii pot fi și mov, nu doar portocalii!

sfeclă

cartofi dulci

varză roșie

ardei gras

ardei iute

ceapă roșie

Să numărăm!

1 un elefant

2 două girafe

3 trei pinguini

4 patru ponei

5 cinci mandrili

6 șase papagali

7 șapte țestoase

8 opt stele de mare

9 nouă fluturi

10 zece iepuri

20 douăzeci de pești

30 treizeci de broaște

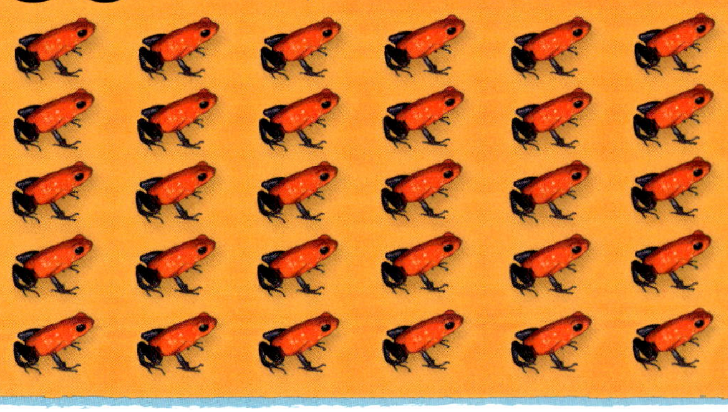

Avem o mulțime de pete!

50 cincizeci de buburuze

100 o sută de furnici

Să înmulțim!

Pentru a aduna **ușor** și **rapid** de mai multe ori același număr, folosim operația de înmulțire.

Să zicem că ai 4 perechi de nasturi.
Asta înseamnă...

Numără și convinge-te singur!

1 pereche 2 perechi 3 perechi 4 perechi

2 + 2 + 2 + 2 = 8

4 x 2 = 8 nasturi

Acum încearcă să găsești răspunsul pentru aceste sume folosind tabelul următor.

Caută în tabel!

Pentru „2x3“, pune degetul pe un 2 mare și coboară pe coloana de dedesubt până în dreptul lui 3. Pătratul acela conține răspunsul corect!

2 x 3 = ?

8 x 9 = ?

4 x 6 = ?

7 x 5 = ?

Nu contează în ce ordine înmulțești numerele, rezultatul va fi același.

Fițuică

În acest tabel găsești rezultatul înmulțirii a două numere fără să mai calculezi.

	1	2	3	4	5	6	7	8	9	10
1	1	2	3	4	5	6	7	8	9	10
2	2	4	6	8	10	12	14	16	18	20
3	3	6	9	12	15	18	21	24	27	30
4	4	8	12	16	20	24	28	32	36	40
5	5	10	15	20	25	30	35	40	45	50
6	6	12	18	24	30	36	42	48	54	60
7	7	14	21	28	35	42	49	56	63	70
8	8	16	24	32	40	48	56	64	72	80
9	9	18	27	36	45	54	63	72	81	90
10	10	20	30	40	50	60	70	80	90	100

Măsurători

Nu ne-am putea da seama cât de înalți am crescut sau cât de repede alergăm dacă n-am folosi măsurători.

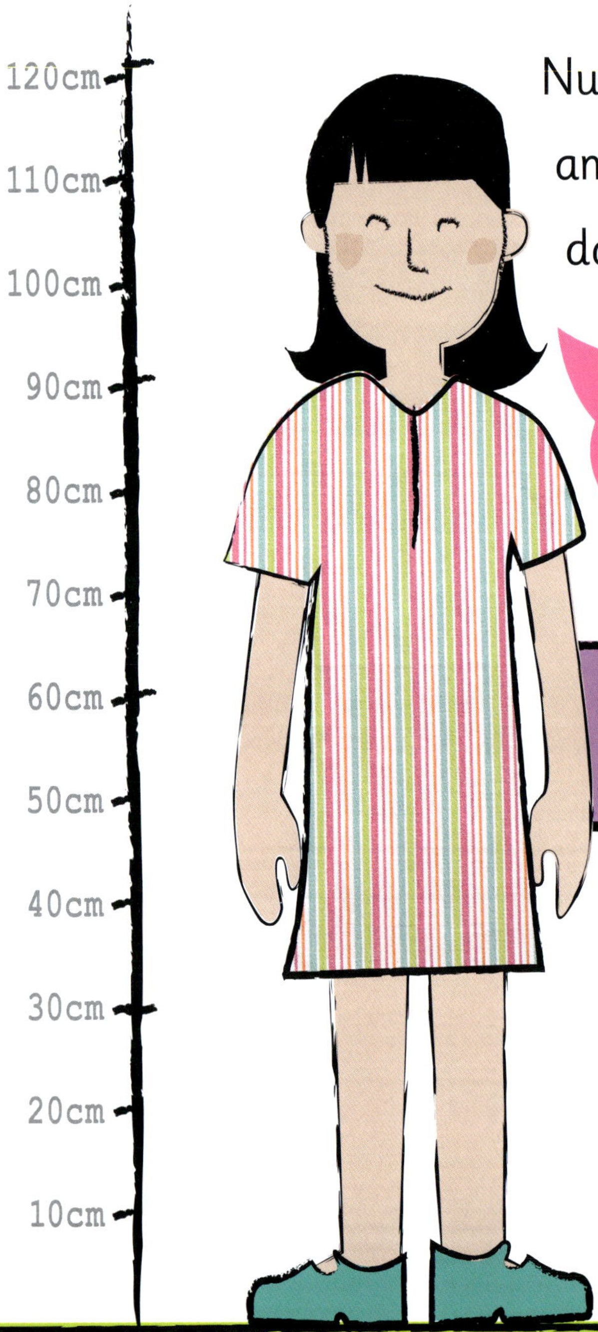

Măsurarea dimensiunii

metric

milimetri (mm)
centimetri (cm)
metri (m)
kilometri (km)

anglo-saxon

inci (in)
picioare (ft)
yarzi (yd)
mile (mi)

Măsurarea greutății

metric

miligrame (mg)
grame (g)
kilograme (kg)

anglo-saxon

uncii (oz)
livre (lb)
tone (t)

Alte unități de măsură

Unele lucruri au o unitate de măsură specifică doar lor.

Iuțimea ardeiului iute se măsoară în unități **Scoville**.

Memoria unui calculator se măsoară în **biți**.

Fițuică

În acest tabel găsești rezultatul înmulțirii a două numere fără să mai calculezi.

	1	2	3	4	5	6	7	8	9	10
1	1	2	3	4	5	6	7	8	9	10
2	2	4	6	8	10	12	14	16	18	20
3	3	6	9	12	15	18	21	24	27	30
4	4	8	12	16	20	24	28	32	36	40
5	5	10	15	20	25	30	35	40	45	50
6	6	12	18	24	30	36	42	48	54	60
7	7	14	21	28	35	42	49	56	63	70
8	8	16	24	32	40	48	56	64	72	80
9	9	18	27	36	45	54	63	72	81	90
10	10	20	30	40	50	60	70	80	90	100

Măsurători

Nu ne-am putea da seama cât de înalți am crescut sau cât de repede alergăm dacă n-am folosi măsurători.

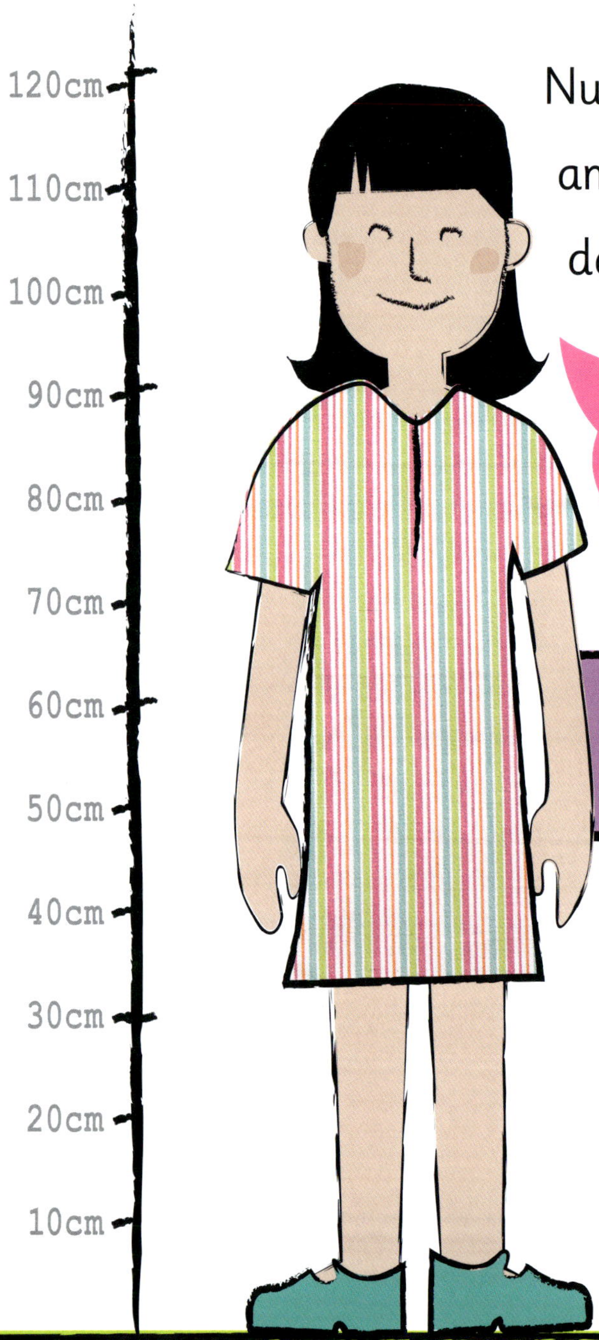

Măsurarea dimensiunii

metric

milimetri (mm)
centimetri (cm)
metri (m)
kilometri (km)

anglo-saxon

inci (in)
picioare (ft)
yarzi (yd)
mile (mi)

Măsurarea greutății

metric

miligrame (mg)
grame (g)
kilograme (kg)

anglo-saxon

uncii (oz)
livre (lb)
tone (t)

Alte unități de măsură

Unele lucruri au o unitate de măsură specifică doar lor.

Iuțimea ardeiului iute se măsoară în unități **Scoville**.

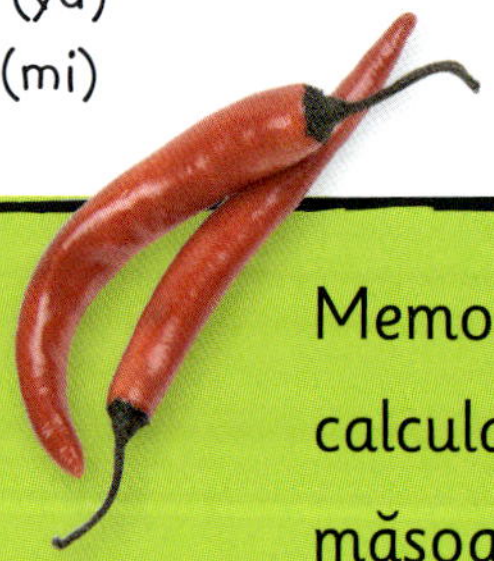

Memoria unui calculator se măsoară în **biți**.

Metode de măsurare

Există mai multe moduri de a măsura același lucru în funcție de țara din care provii. Unele țări utilizează un sistem numit **metric**, altele, unul numit **anglo-saxon**.

Indicația km/h sau m/h arată ce distanță parcurge un vehicul într-o oră.

Termometrele ne ajută să ne măsurăm temperatura.

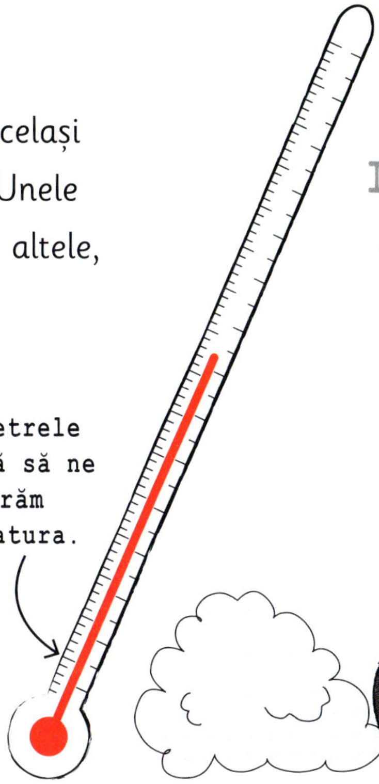

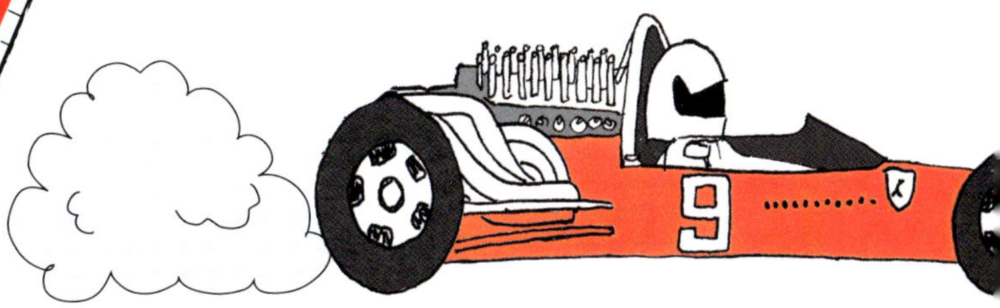

Măsurarea lichidelor

metric

milimetri (ml)
litri (l)
kilolitri (kl)

anglo-saxon

uncii lichide (fl oz)
pahare (c)
pintă (pt)
galoane (gal)

Măsurarea căldurii

metric

Celsius (°C)

anglo-saxon

Fahrenheit (°F)

Măsurarea vitezei

metric

Kilometri pe oră (km/h)

anglo-saxon

mile pe oră (mph)

Pentru a vedea cât de înalt e un cal îți folosești **palmele**.

Viteza cu care merge o barcă se măsoară în **noduri**.

Semne zodiacale

Fiecare persoană are un **semn zodiacal** reprezentat printr-un simbol. Semnul tău depinde de poziția Soarelui pe cer în momentul nașterii tale.

Există douăsprezece semne zodiacale în patru grupe.

Berbec

21 martie – 19 aprilie

Taur

20 aprilie – 20 mai

Gemeni

21 mai – 21 iunie

Balanță

23 septembrie – 23 octombrie

Scorpion

24 octombrie – 21 noiembrie

Săgetător

22 noiembrie – 21 decembrie

Semne de aer

Oamenii născuți în semne de aer sunt de obicei curioși și-și fac ușor prieteni.

Semne de foc

Oamenii născuți în semne de foc sunt puternici și inteligenți.

Semne de apă

Oamenii aceștia sunt, se spune, sensibili și se pricep să-i înțeleagă pe alții.

Semne de pământ

Trăsăturile principale ale acestor oameni sunt politețea și buna înțelegere cu alții.

Rac

22 iunie – 22 iulie

Leu

23 iulie – 22 august

Fecioară

23 august – 22 septembrie

Capricorn

22 decembrie – 19 ianuarie

Vărsător

20 ianuarie – 18 februarie

Pești

19 februarie – 20 martie

Zodiacul **chinezesc**

La fiecare revelion, în China este sărbătorit unul din **12 animale**. Sub **semnul** acestui animal se află tot anul respectiv și toți bebelușii născuți în timpul lui.

Șobolan

1984, 1996, 2008, 2020

deștept, amuzant, amabil și încrezător în sine

Bou

1985, 1997, 2009, 2021

muncitor, inteligent și onest

Tigru

1986, 1998, 2010, 2022

curajos, puternic și independent

Cal

1990, 2002, 2014, 2026

plin de energie, amabil și fericit

Capră

1991, 2003, 2015, 2027

creator, blând, cinstit și visător

Maimuță

1992, 2004, 2016, 2028

jucăuș, amuzant și inteligent

Personalitățile animalelor

Unii oameni cred că semnul tău zodiacal îți influențează personalitatea. Află **anul în care te-ai născut** în această schemă și vezi dacă descrierea ți se potrivește.

Festivalul chinezesc de Anul Nou are loc în ianuarie sau februarie, când luna nouă apare pe cer. Festivitățile pot ține câteva zile.

Iepure

1987, 1999, 2011, 2023

amabil, blând, deștept și răbdător

Dragon

1988, 2000, 2012, 2024

puternic, încrezător în sine și foarte norocos

Șarpe

1989, 2001, 2013, 2025

calm, vorbăreț, înțelept și atent

Cocoș

1993, 2005, 2017, 2029

onest, încrezător în sine și bun observator

Câine

1994, 2006, 2018, 2030

prietenos, fericit, fidel și curajos

Porc

1995, 2007, 2019, 2031

deștept, generos, politicos și amabil

Pietre prețioase

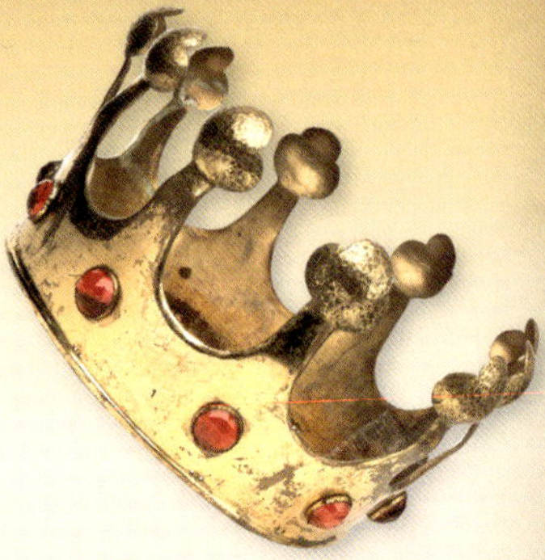

Frumoase și rare, pietrele prețioase provin din roci aflate în pământ, dar e nevoie de mult timp și efort pentru a le face să arate bine.

Așa arată unele pietre prețioase înainte de a fi **TĂIATE**, **CURĂȚATE** și **ȘLEFUITE**.

rubin în stare brută

Pietrele prețioase tăiate strălucesc deoarece au o mulțime de fațete (fețe) care reflectă lumina.

diamant în stare brută

smarald în stare brută

diamant
citrin
heliodor
cuarț roz
topaz
granat
opal roșu
rubin
ametist
spinel
safir
apatit
peridot
turmalină
smarald
jad

Nori năzdrăvani

Mari și pufoși sau lungi ca un fuior, norii pe care îi vedem pe cer sunt de multe feluri.

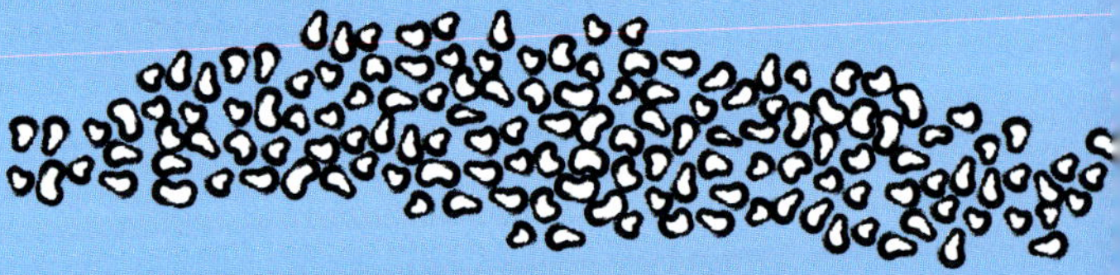

cirrocumulus
(ci-ro-cu-mu-lus)

altocumulus
(al-to-cu-mu-lus)

altostratus
(al-to-stra-tus)

Toți norii sunt făcuți din stropi mici de apă sau gheață.

stratocumulus
(stra-to-cu-mu-lus)

Stratus
(stra-tus)

stratocumulus	cumulonimbus	altocumulus

cirrus
(ci-rus)

cumulonimbus
(cu-mu-lo-nim-bus)

înalți
peste 6 000 m

Te-ai uitat vreodată în sus și ai văzut **FORME** în nori?

Norii Cumulonimbus aduc tunetele și fulgerele.

medii
2 000 m – 6 000 m

cumulus
(cu-mu-lus)

joși
Sub 2 000 m

altostratus

cirrocumulus

cirrus

Instrumente muzicale

Pentru a crea muzică ai nevoie de un **instrument** (sau de voce!). Instrumentele sunt uneori împărțite în grupuri, în funcție de sunetele pe care le scot.

goarnă

trompetă

Unele instrumente au coarde.

banjo

vioară

ukulele

tubă

instrumente cu coarde

alămuri

nai

În anumite instrumente din alamă sau lemn trebuie să sufli pentru a scoate sunete.

tobă

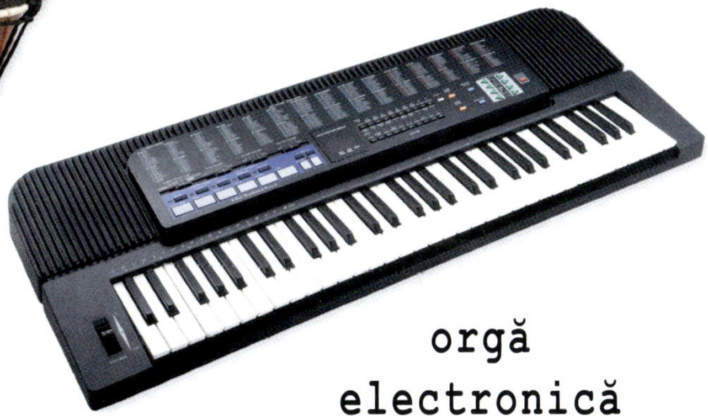

orgă electronică

flaut

saxofon

cinel

acordeon

tamburină

pian

instrumente de suflat din lemn	instrumente de percuție	instrumente cu clape

Vehicule speciale

Drumurile, câmpurile și șantierele de construcție sunt pline de mașini, dar unele sunt destinate unor misiuni speciale.

camion de gunoi

macara

Macaralele sunt folosite în construcții.

cvadriciclu

secerătoare

Ambulanțele transportă oamenii bolnavi la spital.

ambulanță

mașină de pompieri

mașină de poliție

basculantă

buldozer

Insectar

De culori, forme și mărimi foarte diverse, gândacii sunt printre cele mai atrăgătoare și mai colorate viețuitoare de pe Pământ.

Există peste 350 000 de tipuri diferite de gândaci.

gândac Hercule

gândac Goliat

gândac-croitor cu coarne lungi

rădașcă

gândac pocnitor

gărgăriță cu gât de girafă

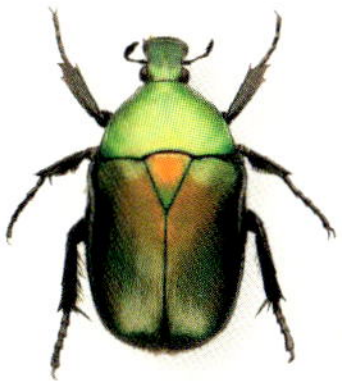

gândac de iunie

scarabeu

Ştiai că majoritatea gândacilor au două perechi de aripi?

cărăbuș păros

buburuză

gândac roșu al crinului

gândac de aur

Gândac-țestoasă

gărgăriță-bijuterie

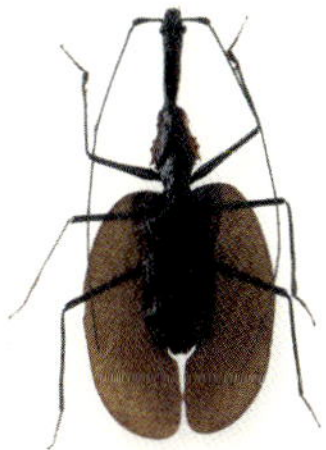

gândac-vioară

licurici

gândac de deșert din Namibia

Descoperă dinozaurii

Iată câteva reptile remarcabile care au trăit pe Pământ cu milioane de ani în urmă.

Iguanodon

Spinosaurus

Tyrannosaurus

Coarnele mari ajutau probabil în lupta cu alți dinozauri.

Numele meu e **Einiosaurus.**

Oamenii de știință cred că Dreadnoughtus e unul din cele mai mari animale de uscat din istorie.

Ouă extraordinare

Toți **puii de păsări** se nasc din ouă, însă ouăle de păsări au forme, mărimi și culori foarte diferite.

găină

sturz cântător

cuc

prepeliță

Marii pinguini nordici au dispărut ca specie cu aproximativ 200 de ani în urmă.

marele pinguin nordic

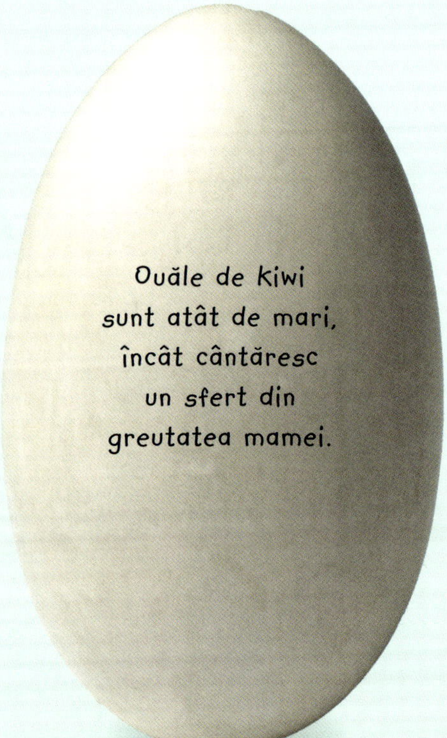

Ouăle de kiwi sunt atât de mari, încât cântăresc un sfert din greutatea mamei.

kiwi

acvilă de munte

pinguin regal

șoim călător

cormoran

Ouăle de cormoran sunt ascuțite la unul din capete ca să nu alunece de pe stânci.

huhurez mic

uliu păsărar

brumăriță de pădure

colibri

Reptilele, peștii, amfibienii și nevertebratele depun și ele ouă.

emu

struț

Pui de animale

Multă vreme, puii de animale arată exact ca părinții lor, doar că în variantă mai mică. Dar sunt și specii la care nu există nicio asemănare!

gorilă

pui de gorilă

tapir

pui de tapir

vulpe

pui de vulpe

țestoasă

pui de țestoasă

pinguin

pui de pinguin

broască

mormoloc

Steaguri naționale

Fiecare țară are steagul ei, care o reprezintă.

Desenul steagurilor are un sens special.

Organizații precum Comitetul Internațional Olimpic sau Națiunile Unite pot și ele să aibă steaguri.

steagul Națiunilor Unite

Marea Britanie

Suedia

China

Coreea de Sud

Germania

Portugalia

India

Malaysia

Franța

Olanda

Japonia

Nepal

Spania

Danemarca

Asia

Europa

Statele Unite ale Americii

Brazilia

Australia

Africa de Sud

Canada

Ecuador

Noua Zeelandă

Egipt

Cuba

Chile

Samoa

Maroc

Mexic

Uruguay

Fiji

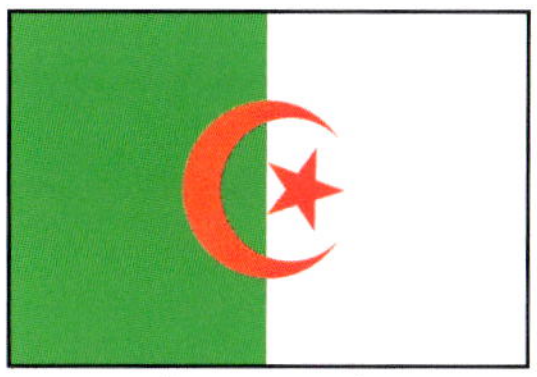
Algeria

Jamaica

Argentina

Tonga

Nigeria

America de Nord

America de Sud

Australia și Oceania

Africa

Top 10: Țări

Există o mulțime de țări în lume.
Unele sunt **IMENSE**, altele sunt **mici**.

Catedrala Sfântul Vasile din Moscova, Rusia

Top 10 al **CELOR MAI MARI** țări din lume

Sunt atât de întinse, încât uneori trebuie să iei avionul ca să le străbați de la un capăt la altul.

1. Rusia
2. Canada
3. Statele Unite ale Americii
4. China
5. Brazilia
6. Australia
7. India
8. Argentina
9. Kazahstan
10. Algeria

steagul Americii

statuia lui Hristos Mântuitorul din Brazilia

Australia

Pe suprafața Rusiei
încap peste
38 DE MILIOANE
de state
ca Vaticanul!

bazilica
Sfântul Petru
din Vatican

Top 10 al **CELOR MAI MICI** țări din lume

Aceste state nu au o suprafață prea mare.
Unele pot fi străbătute pe jos într-o singură zi!

1. **Cetatea Vatican**
2. **Monaco**
3. **Nauru**
4. **Tuvalu**
5. **San Marino**
6. **Liechtenstein**
7. **Insulele Marshall**
8. **Saint Kitts și Nevis**
9. **Maldive**
10. **Malta**

mașină de formula unu
din Monaco

turn
în San
Marino

maimuță vervet de pe
insula Saint Kitts

plajă din Maldive

Top 10: Lumea

Lumea noastră e plină de peisaje uimitoare, de la râuri care curg pe distanțe uriașe la deșerturi întinse.

Top 10 al CELOR MAI LUNGI fluvii

Aceste fluvii sunt ATÂT de lungi, încât unele străbat teritoriul multor țări.

caiman

piranha

1. Nil
2. Amazon
3. Yangtze
4. Mississippi
5. Enisei
6. Huang he
7. Obi
8. Paraná
9. Congo
10. Amur

Amazon

barcă plutind pe Nil

E greu să măsori deșerturile, căci unele devin **DIN CE ÎN CE MAI MARI**.

pinguin din Antarctica

Top 10 al **CELOR MAI MARI** deșerturi din lume

Aceste ținuturi uscate nu prea au parte de ploaie și se întind cât vezi cu ochii.

1. **Antarctica**
2. **Sahara**
3. **Deșertul Arabiei**
4. **Gobi**
5. **Kalahari**
6. **Patagonia**
7. **Deșertul Sirian**
8. **Marele Bazin**
9. **Deșertul Victoria**
10. **Marele Nisipos**

cămilă cu două cocoașe

diavol țepos

Sahara

Top 10 : Animale

Unele animale pot fi periculoase pentru noi, dar e important să protejăm toate speciile.

Țânțarii pot transmite boli mortale.

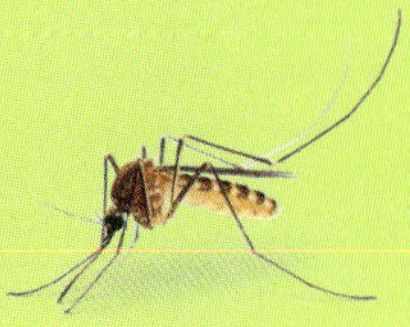

țânțar

Zece animale care te pot OMORÎ

E bine să te ții departe de aceste animale. Ele pot avea o mușcătură teribilă, venin otrăvitor sau pot transmite boli.

mamba negru (șarpe)
văduva neagră (păianjen)
caracatița cu inele albastre
meduza-cutie
furnica-glonț
marele rechin alb
hipopotamul
țânțarul
broasca-săgeată otrăvită
viespea vânătoare de tarantule

marele rechin alb

broască-săgeată otrăvită

hipopotam

viespe vânătoare de tarantule

caracatiță cu inele albastre

panda gigant

VEȘTI BUNE!

Acum câțiva ani nu mai rămăseseră mulți panda, dar azi numărul lor e în creștere.

rinocer negru

Zece animale **PE CALE DE DISPARIȚIE**

În sălbăticie nu au mai rămas multe animale din aceste specii, dar, din fericire, sunt oameni care încearcă să schimbe situația.

urangutan

lemur kata

- rinocer negru
- panda gigant
- leopard de Amur
- tigru siberian
- urs polar
- urangutan
- lemur kata
- triton-împărat
- șobolan uriaș malgaș
- țestoasă-stea de Madagascar

triton-împărat

pui de tigru siberian

țestoasă-stea de Madagascar

Indice

A

aborigeni 114–115
Africa 43, 48–49
alfabet 168, 176
alfabetul Braille 159
Alpi 51
America de Nord 42, 44–45
America de Sud 42, 46–47
amfibieni 61, 72–73
animale de companie 98, 166–167
animale de fermă 82–83
animale nocturne 100–101
animale pe cale de dispariție 219
animale periculoase 218
anotimpuri 34–35
Antarctica 27, 41, 43, 56–57, 81
antibiotice 165
arahnide 75
Arctica 56, 80
artă 162–163
Asia 43, 52–53
astronauți 16, 140–143
atmosferă 14–15
auroră boreală 14, 51
Australia 43, 54–55, 114–115
avioane 15, 129, 136–137
azteci 121

B

balene 18, 64, 90–91
bărci, corăbii, vapoare 118, 134–135
băștinași americani 122–123
Bell, Gertrude 127
broaște 72, 73, 211, 218
Buenos Aires 47
„bună ziua!“ și „la revedere!“ 158, 176-177

C

Canada 45
Caraibe 44
călătorii 132–137
cămile 79, 87
cereale 82–83, 120, 122
China 53, 125
China antică 112–113
ciocolată 48, 121
circuitul apei 30–31
citit și scris 159
cocotier de mare 32
Columb, Cristofor 126
comunicare 158–159
construcții faimoase 138–139
continente 42–57
corpul uman146–147
creier 146, 152–153
culori 178–179
cutremure 24–25

D

deșerturi 26–27, 79, 86–87, 217
dinozauri 62–63, 91, 206–207

E

Egiptul antic 110–111
electricitate 37, 128
elefanți 65, 89
Europa 43, 50–51
Everest 21
evoluție 130
exploratori 126–127

F

feline mari 98–99
festivaluri 44, 124–125, 195
Fiji 55
fluturi 76–77, 210
foc 108, 114
forme 180–181
fotografie 163
fructe 33, 156, 182–183

G

gasteropode 75
gândaci 74, 204–205
gângănii 74–75
girafe 88, 155
gorile 60, 65, 95, 211
gravitație 139, 141

H

habitate 78–79
hârtie 113, 128
hibernare 154

I

iarnă 35, 173
Ibn Battuta127
iepuri 102–103
incași 121
inimă 149
insecte 74, 76–77, 157, 204–205
insule 23, 44
inundații 36
invenții 113, 116–117, 123, 128–129

Î

înmulțire188–189

L

Las Vegas 44
lavă 22, 23
legume 156, 184–185
lei 88, 99, 117
lilieci 65, 101
limbi 158, 176–177
Lună 16, 17, 142–143

M

Machu Pichu 47, 121
Madagascar 49
maimuțe antropoide 94, 95, 131
maimuțe mici 65, 76, 84, 94–95
mamifere 60, 64–65, 91

Marele Zid Chinezesc 112
Marrakesh 48
masai 49
maya 121
mări și oceane 9, 12, 18–19, 79
măsurători 190–191
mătase 112
mâncare 156–157, 182–185
medicină 164–165
melci 75, 96
Mexic 44, 125
mumii 110, 111
munți 20–21, 51, 53, 84–85
mușchi 147
muzică 115, 160–161, 200–201

N

nevertebrate 61
New York 45
nori 15, 30, 198–199
numere 168–169, 186–189

O

oameni de știință 130–131
oameni primitivi 106–109
oaze 27
Oceania 55
olmeci 120
omizi 76–77, 210
ouă 34, 65, 157, 208–209

P

păduri tropicale umede 28–29, 46, 78
păianjeni 75, 218
Pământ 8–39
păsări 60, 68–69, 208–209
pești 19, 61, 66–67, 92–93
Petra 52
piele 147
pietre prețioase 196–197
pinguini 57, 81, 211
piramide 111, 181
planete 10–11, 130
plante 32–33, 82–83
ploaie 31, 32
Polul Nord și Polul Sud 80–81
Polo, Marco 127
porumb 120, 123
primate 65, 94–95
primăvară 34
pui de animale 210–211

R

radioactivitate 131
raze X 164
râuri și lacuri 79, 216
rechini 66, 92–93, 218
reptile 60, 70–71
Rio de Janeiro 47
romani 116–117
România 51
roți 109

S

sateliți 14, 17
savane 89

sânge 148–149
scara Richter 24–25
schelet 146
sculpturi 162
semințe 32–33
semne zodiacale 192–193
Sfinxul 49
simțuri 150–151
sistemul solar 10–11
Soarele 10, 12, 30, 33, 35, 39
somn 154–155
spațiu 10–11, 14, 131, 140–143
Statele Unite ale Americii 44, 45, 124
stările apei 31
steaguri 212–213
stele 10, 16, 17
Stonehenge 50
stratul de ozon 15
struți 69, 96, 209, 210
suricate 86
Sydney 54

Ș

șerpi 71, 87, 218

T

Thailanda 53, 125
tigri 65, 98, 210
timp 131, 168, 170–171
tiparul 128
toamnă 35
Tokyo 53
tornade 36
tsunami 25
tunete și fulgere 37, 199

Ț

țări 214–215
țestoase 60, 71, 102–103, 211, 219

U

ultrasunete 165
Uluru 115
unelte primitive 109
uragane 37
urși 65, 80, 85, 97, 219

V

vaccinuri 164
valuri de căldură 36
vară 34, 173
Vatican 50
vânt 38–39
vehicule 132–133, 202–203
vikingi 118–119
viteză 96–97, 102–103
vreme 15, 36–37
vulcani 22–23, 117

W

World Wide Web 129

Z

zeități 119, 120
zgârie-nori 138–139
Zheng He 127
zi și noapte 12, 171
zodiacul chinezesc 194–195
zone cu iarbă 79, 88–89

Mulțumiri

Editorul dorește să mulțumească următoarelor persoane pentru amabilitatea cu care i-au permis să le reproducă fotografiile:

Legendă: a = sus; b = jos; c = centru; f = plan îndepărtat; l = stânga; r = dreapta; t = capul paginii.

© **Jerry Young:** 56bl, 84c, 89bl, 100bl, 101c. **123RF.com:** Liu Feng/long10000: 112bc; Eduardo Rivero / edurivero 179tc; sabphoto c; Erwin Wodicka / ginasanders 215tr. **Alamy:** Gary Cook 123; Chad Ehlers 51tc; D. Hurst 151br; Martin Strmiska 67br; Sergey Uryadnikov 98–99c. **Brand X Pictures / Alamy:** Brian Hagiwara 174cra, 205tc. **Corbis:** 77tr, 127tl, crb; Don Hammond/Design Pics 224r; Frank Krahmer/Radius Images 26–27; Micro Discover 148tr; Ocean 6bc; Viewstock 132–133t. © **Philip Dowell:** 127bl. **Dorling Kindersley:** Peter Anderson / Odds Farm Park, Buckinghamshire 83cr; Blackpool Zoo, Lancashire, UK 49br, 80br, 81cr, 81tl; British Wildlife Centre, Surrey, UK 211cr; Alan Burger 81tl; Claire Cordier 36bl; Bethany Dawn 34br; Greg and Yvonne Dean 100cl; Colin Keates / Natural History Museum, London 196bl, 205bl; Barnabas Kindersley 181br, 200c; Dave King / The Science Museum, London 109tr, 130bc; Dave King / Booth Museum of Natural History, Brighton 65bl; Twan Leenders 73c, 73tl, 186bc, 186br, 219c; Liberty's Owl, Raptor and Reptile Centre, Hampshire, UK 80tc; James Mann / National Motor Museum Beaulieu 215c; Thomas Marent 216cr; NASA 10cl, 16cr; Stephen Oliver 145tc, 160c, 160cr, 174tl, 201cl; Gary Ombler / The Real Aeroplane Company 136br; Gary Ombler / Nationaal Luchtvaart Themapark Aviodome 105tc, 136br; Gary Ombler / Vikings of Middle England 118br, 118bc, 119bl, 119br; Gary Ombler / Doubleday Swineshead Depot 203tc; Gary Ombler / Hastings Borough Council 123cr; Gary Ombler / University of Pennsylvania Museum of Archaeology and Anthropology 112cr, 121bc, 123cr; Gary Ombler / Zoe Doubleday-Collishaw, Swineshead Depot 132bc; Tim Parmenter / Natural History Museum, London 174c, 174tc, 197tl, 197tcl, 197br. Linda Pitkin 19tl; Wildlife Heritage Foundation, Kent, UK 99br; Jerry Young 8tl, 80c. James Stevenson / National Maritime Museum, London 119cr. **Dreamstime.com:** Carol Buchanan / Cbpix: 66c; Jakub Cejpek / Jakupcejpek 85br; Torian Dixon / Mrincredible 130tr, 131tr, 131tc; Eric Isselee 101cl; Isselee 100cr, 186c, 186cr; Laumerle 46br; Mauhorng 152cr; Ollirg 62br; Pixworld 96br; Rosinka 12c; Wan Rosli Wan Othman / Rosliothman 116br, 117br; Darryn Schneider / Darryns 27br; Vladimir Seliverstov / Vladsilver 80tr; Staphy 57br; Jens Stolt / Jpsdk 77tl; Jan Martin Will / Freezingpictures 43bc, 81bl; Simone Winkler / Eyecatchlight 80tc; Yulia87 30–31 (background); Yykkaa 129cr. **FLPA:** Frans Lanting 69tl; Harri Taavetti 84–85cra. **Fotolia:** Andreas Altenburger / arrxxx 89cr; Kitch Bain 181tc; Beboy 22c; HD Connelly 104cra; DM7 62bl; dundanim 8bc, 10bc, 171bc; Eric Isselee 65bc, 218br, 219tl, 219cr, 219br; Pekka Jaakkola / Luminis 137tr; Valeriy Kalyuzhnyy / StarJumper 155br; Dariusz Kopestynski 113bl; Yahia Loukkal 203bl; Steve Lovegrove 87bl, 217bc; Kevin Moore 98c; Olena Pantiukh 69bl; Strezhnev Pavel 79tc; rolffimages 36bc, 92cr; Dario Sabljak 144tc, 164br; Silver 57tr; uwimages 67bc; Alex Vasilev 83bc. **Getty:** Tom Brakefield / Photodisc 80bc; Don Farrall / Digital Vision 67tl; Frank Krahmer / Photographer's Choice 85tl; MIXA 53tc; Photographer's Choice RF / Jon Boyes 170br; Rolling Earth 78; David Tipling / Digital Vision 81tc. **Getty Images:** Steve Bronstein 141bl; Don Farrall / Photodisc 59br, 89cl; Hulton Archive 127cra; Javier Fernández Sánchez 97tr; Michael & Patricia Fogden 96tl; Dave and Les Jacobs 138cl; Ingo Jezierski / Photodisc 112cl; Ralph Martin / BIA 97ca; Tse Hon Ning 155bc; Alastair Pollock Photography 97cb; Anup Shah 97c; Universal Images Group 126cb; Vladimir Zakharov 139cr; Peter Zelei Images 138cl/shard; zhuyongming 139c. **Philippe Giraud** © **Dorling Kindersley:** 4bc. **Ellen Howdon** © **Dorling Kindersley, Courtesy of Glasgow Museum:** 128bc. **iStockphoto.com:** id-work (194–195all); pop_jop 175 cla, 212–213 (UK, Sweden, Spain, USA, South Africa, Samoa, Uruguay, Tonga, China, Brazil, Australia, Canada, Cuba, Chile, Algeria, Argentina, Portugal, Malaysia, Netherlands, New Zeland, Morocco, Mexico, Nigeria Germany, South Korea, India, France, Japan, Denmark, Ecuador, Egypt, Fiji). **Kohn Pedersen Fox:** 139cl/Lotte. **Richard Leeney** © **Dorling Kindersley, Courtesy of Search and Rescue Hovercraft, Richmond, British Columbia:** 135bc. **David Malin** © **Anglo-Australian Observatory:** 16c. NASA: 14crb, 42bl, 141br, 141rl, 142bl, 143c, 143cb, 143br, 195tr. **Gary Ombler** © **Dorling Kindsersley, Courtesy of Cotswold Wildlife Park:** 211tc. **Gary Ombler** © **Dorling Kindersley, Courtesy of the Board of Trustees of the Royal Armouries:** 93bc. **Photolibrary:** Corbis 73cr, 105tr, 137tr; Photodisc / Photolink 141tl. **PunchStock:** Photodisc / Paul Souders 27br; Stockbyte 201cr. **James Stevenson** © **Dorling Kindersley, Courtesy of the National Maritime Museum, London:** 126cl.

Imagine coperta 1: Dorling Kindersley: Jerry Young bcr.

Toate celelalte imagini: © Dorling Kindersley
Pentru mai multe informații vezi: www.dkimages.com

DK ar dori să mulțumească:
lui Carrie Love pentru sprijin în redactare și corectură de text; lui Elinor Greenwood, lui Carrie Lewis și Andreei Mills pentru activitate editorială suplimentară; lui Martin Copeland, Laurei Evans, lui Rob Nun, Nishwan Rasool și Lee Thompson pentru ajutorul acordat în biblioteca de imagini.

sânge 148–149
scara Richter 24–25
schelet 146
sculpturi 162
semințe 32–33
semne zodiacale 192–193
Sfinxul 49
simțuri 150–151
sistemul solar 10–11
Soarele 10, 12, 30, 33, 35, 39
somn 154–155
spațiu 10–11, 14, 131, 140–143
Statele Unite ale Americii 44, 45, 124
stările apei 31
steaguri 212–213
stele 10, 16, 17
Stonehenge 50
stratul de ozon 15
struți 69, 96, 209, 210
suricate 86
Sydney 54

Ș

șerpi 71, 87, 218

T

Thailanda 53, 125
tigri 65, 98, 210
timp 131, 168, 170–171
tiparul 128
toamnă 35
Tokyo 53
tornade 36
tsunami 25
tunete și fulgere 37, 199

Ț

țări 214–215
țestoase 60, 71, 102–103, 211, 219

U

ultrasunete 165
Uluru 115
unelte primitive 109
uragane 37
urși 65, 80, 85, 97, 219

V

vaccinuri 164
valuri de căldură 36
vară 34, 173
Vatican 50
vânt 38–39
vehicule 132–133, 202–203
vikingi 118–119
viteză 96–97, 102–103
vreme 15, 36–37
vulcani 22–23, 117

W

World Wide Web 129

Z

zeități 119, 120
zgârie-nori 138–139
Zheng He 127
zi și noapte 12, 171
zodiacul chinezesc 194–195
zone cu iarbă 79, 88–89

Mulțumiri

Editorul dorește să mulțumească următoarelor persoane pentru amabilitatea cu care i-au permis să le reproducă fotografiile:

Legendă: a = sus; b = jos; c = centru; f = plan îndepărtat; l = stânga; r = dreapta; t = capul paginii.

© **Jerry Young:** 56bl, 84c, 89bl, 100bl, 101c. **123RF.com:** Liu Feng/long10000: 112bc; Eduardo Rivero / edurivero 179tc; sabphoto c; Erwin Wodicka / ginasanders 215tr. **Alamy:** Gary Cook 123; Chad Ehlers 51tc; D. Hurst 151br; Martin Strmiska 67br; Sergey Uryadnikov 98–99c. **Brand X Pictures / Alamy:** Brian Hagiwara 174cra, 205tc. **Corbis:** 77tr, 127tl, crb; Don Hammond/Design Pics 224r; Frank Krahmer/Radius Images 26–27; Micro Discover 148tr; Ocean 6bc; Viewstock 132–133t. © **Philip Dowell:** 127bl. **Dorling Kindersley:** Peter Anderson / Odds Farm Park, Buckinghamshire 83cr; Blackpool Zoo, Lancashire, UK 49br, 80br, 81cr, 81tl; British Wildlife Centre, Surrey, UK 211cr; Alan Burger 81tl; Claire Cordier 36bl; Bethany Dawn 34br; Greg and Yvonne Dean 100cl; Colin Keates / Natural History Museum, London 196bl, 205bl; Barnabas Kindersley 181br, 200c; Dave King / The Science Museum, London 109tr, 130bc; Dave King / Booth Museum of Natural History, Brighton 65bl; Twan Leenders 73c, 73tl, 186bc, 186br, 219c; Liberty's Owl, Raptor and Reptile Centre, Hampshire, UK 80tc; James Mann / National Motor Museum Beaulieu 215c; Thomas Marent 216cr; NASA 10cl, 16cr; Stephen Oliver 145tc, 160c, 160cr, 174tl, 201cl; Gary Ombler / The Real Aeroplane Company 136br; Gary Ombler / Nationaal Luchtvaart Themapark Aviodome 105tc, 136br; Gary Ombler / Vikings of Middle England 118br, 118bc, 119bl, 119br; Gary Ombler / Doubleday Swineshead Depot 203tc; Gary Ombler / Hastings Borough Council 123cr; Gary Ombler / University of Pennsylvania Museum of Archaeology and Anthropology 112cr, 121bc, 123cr; Gary Ombler / Zoe Doubleday-Collishaw, Swineshead Depot 132bc; Tim Parmenter / Natural History Museum, London 174c, 174tc, 197tl, 197tcl, 197br. Linda Pitkin 19tl; Wildlife Heritage Foundation, Kent, UK 99br; Jerry Young 8tl, 80c. James Stevenson / National Maritime Museum, London 119cr. **Dreamstime.com:** Carol Buchanan / Cbpix: 66c; Jakub Cejpek / Jakupcejpek 85br; Torian Dixon / Mrincredible 130tr, 131tr, 131tc; Eric Isselee 101cl; Isselee 100cr, 186c, 186cr; Laumerle 46br; Mauhorng 152cr; Ollirg 62br; Pixworld 96br; Rosinka 12c; Wan Rosli Wan Othman / Rosliothman 116br, 117br; Darryn Schneider / Darryns 27br; Vladimir Seliverstov / Vladsilver 80tr; Staphy 57br; Jens Stolt / Jpsdk 77tl; Jan Martin Will / Freezingpictures 43bc, 81bl; Simone Winkler / Eyecatchlight 80tc; Yulia87 30–31 (background); Yykkaa 129cr. **FLPA:** Frans Lanting 69tl; Harri Taavetti 84–85cra. **Fotolia:** Andreas Altenburger / arrxxx 89cr; Kitch Bain 181tc; Beboy 22c; HD Connelly 104cra; DM7 62bl; dundanim 8bc, 10bc, 171bc; Eric Isselee 65bc, 218br, 219tl, 219cr, 219br; Pekka Jaakkola / Luminis 137tr; Valeriy Kalyuzhnyy / StarJumper 155br; Dariusz Kopestynski 113bl; Yahia Loukkal 203bl; Steve Lovegrove 87bl, 217bc; Kevin Moore 98c; Olena Pantiukh 69bl; Strezhnev Pavel 79tc; rolffimages 36bc, 92cr; Dario Sabljak 144tc, 164br; Silver 57tr; uwimages 67bc; Alex Vasilev 83bc. **Getty:** Tom Brakefield / Photodisc 80bc; Don Farrall / Digital Vision 67tl; Frank Krahmer / Photographer's Choice 85tl; MIXA 53tc; Photographer's Choice RF / Jon Boyes 170br; Rolling Earth 78; David Tipling / Digital Vision 81tc. **Getty Images:** Steve Bronstein 141bl; Don Farrall / Photodisc 59br, 89cl; Hulton Archive 127cra; Javier Fernández Sánchez 97tr; Michael & Patricia Fogden 96tl; Dave and Les Jacobs 138cl; Ingo Jezierski / Photodisc 112cl; Ralph Martin / BIA 97ca; Tse Hon Ning 155bc; Alastair Pollock Photography 97cb; Anup Shah 97c; Universal Images Group 126cb; Vladimir Zakharov 139cr; Peter Zelei Images 138cl/shard; zhuyongming 139c. **Philippe Giraud** © **Dorling Kindersley:** 4bc. **Ellen Howdon** © **Dorling Kindersley, Courtesy of Glasgow Museum:** 128bc. **iStockphoto.com:** id-work (194–195all); pop_jop 175 cla, 212–213 (UK, Sweden, Spain, USA, South Africa, Samoa, Uruguay, Tonga, China, Brazil, Australia, Canada, Cuba, Chile, Algeria, Argentina, Portugal, Malaysia, Netherlands, New Zeland, Morocco, Mexico, Nigeria Germany, South Korea, India, France, Japan, Denmark, Ecuador, Egypt, Fiji). **Kohn Pedersen Fox:** 139cl/Lotte. **Richard Leeney** © **Dorling Kindersley, Courtesy of Search and Rescue Hovercraft, Richmond, British Columbia:** 135bc. **David Malin** © **Anglo-Australian Observatory:** 16c. NASA: 14crb, 42bl, 141br, 141rl, 142bl, 143c, 143cb, 143br, 195tr. **Gary Ombler** © **Dorling Kindsersley, Courtesy of Cotswold Wildlife Park:** 211tc. **Gary Ombler** © **Dorling Kindersley, Courtesy of the Board of Trustees of the Royal Armouries:** 93bc. **Photolibrary:** Corbis 73cr, 105tr, 137tr; Photodisc / Photolink 141tl. **PunchStock:** Photodisc / Paul Souders 27br; Stockbyte 201cr. **James Stevenson** © **Dorling Kindersley, Courtesy of the National Maritime Museum, London:** 126cl.

Imagine coperta 1: Dorling Kindersley: Jerry Young bcr.

Toate celelalte imagini: © Dorling Kindersley
Pentru mai multe informații vezi: www.dkimages.com

DK ar dori să mulțumească:
lui Carrie Love pentru sprijin în redactare și corectură de text; lui Elinor Greenwood, lui Carrie Lewis și Andreei Mills pentru activitate editorială suplimentară; lui Martin Copeland, Laurei Evans, lui Rob Nun, Nishwan Rasool și Lee Thompson pentru ajutorul acordat în biblioteca de imagini.

sânge 148–149
scara Richter 24–25
schelet 146
sculpturi 162
semințe 32–33
semne zodiacale 192–193
Sfinxul 49
simțuri 150–151
sistemul solar 10–11
Soarele 10, 12, 30, 33, 35, 39
somn 154–155
spațiu 10–11, 14, 131, 140–143
Statele Unite ale Americii 44, 45, 124
stările apei 31
steaguri 212–213
stele 10, 16, 17
Stonehenge 50
stratul de ozon 15
struți 69, 96, 209, 210
suricate 86
Sydney 54

Ș

șerpi 71, 87, 218

T

Thailanda 53, 125
tigri 65, 98, 210
timp 131, 168, 170–171
tiparul 128
toamnă 35
Tokyo 53
tornade 36
tsunami 25
tunete și fulgere 37, 199

Ț

țări 214–215
țestoase 60, 71, 102–103, 211, 219

U

ultrasunete 165
Uluru 115
unelte primitive 109
uragane 37
urși 65, 80, 85, 97, 219

V

vaccinuri 164
valuri de căldură 36
vară 34, 173
Vatican 50
vânt 38–39
vehicule 132–133, 202–203
vikingi 118–119
viteză 96–97, 102–103
vreme 15, 36–37
vulcani 22–23, 117

W

World Wide Web 129

Z

zeități 119, 120
zgârie-nori 138–139
Zheng He 127
zi și noapte 12, 171
zodiacul chinezesc 194–195
zone cu iarbă 79, 88–89

Mulțumiri

Editorul dorește să mulțumească următoarelor persoane pentru amabilitatea cu care i-au permis să le reproducă fotografiile:

Legendă: a = sus; b = jos; c = centru; f = plan îndepărtat; l = stânga; r = dreapta; t = capul paginii.

© **Jerry Young:** 56bl, 84c, 89bl, 100bl, 101c. **123RF.com:** Liu Feng/long10000: 112bc; Eduardo Rivero / edurivero 179tc; sabphoto c; Erwin Wodicka / ginasanders 215tr. **Alamy:** Gary Cook 123; Chad Ehlers 51tc; D. Hurst 151br; Martin Strmiska 67br; Sergey Uryadnikov 98–99c. **Brand X Pictures / Alamy:** Brian Hagiwara 174cra, 205tc. **Corbis:** 77tr, 127tl, crb; Don Hammond/Design Pics 224r; Frank Krahmer/Radius Images 26–27; Micro Discover 148tr; Ocean 6bc; Viewstock 132–133t. © **Philip Dowell:** 127bl. **Dorling Kindersley:** Peter Anderson / Odds Farm Park, Buckinghamshire 83cr; Blackpool Zoo, Lancashire, UK 49br, 80br, 81cr, 81tl; British Wildlife Centre, Surrey, UK 211cr; Alan Burger 81tl; Claire Cordier 36bl; Bethany Dawn 34br; Greg and Yvonne Dean 100cl; Colin Keates / Natural History Museum, London 196bl, 205bl; Barnabas Kindersley 181br, 200c; Dave King / The Science Museum, London 109tr, 130bc; Dave King / Booth Museum of Natural History, Brighton 65bl; Twan Leenders 73c, 73tl, 186bc, 186br, 219c; Liberty's Owl, Raptor and Reptile Centre, Hampshire, UK 80tc; James Mann / National Motor Museum Beaulieu 215c; Thomas Marent 216cr; NASA 10cl, 16cr; Stephen Oliver 145tc, 160c, 160cr, 174tl, 201cl; Gary Ombler / The Real Aeroplane Company 136br; Gary Ombler / Nationaal Luchtvaart Themapark Aviodome 105tc, 136br; Gary Ombler / Vikings of Middle England 118br, 118bc, 119bl, 119br; Gary Ombler / Doubleday Swineshead Depot 203tc; Gary Ombler / Hastings Borough Council 123cr; Gary Ombler / University of Pennsylvania Museum of Archaeology and Anthropology 112cr, 121bc, 123cr; Gary Ombler / Zoe Doubleday-Collishaw, Swineshead Depot 132bc; Tim Parmenter / Natural History Museum, London 174c, 174tc, 197tl, 197tcl, 197br. Linda Pitkin 19tl; Wildlife Heritage Foundation, Kent, UK 99br; Jerry Young 8tl, 80c. James Stevenson / National Maritime Museum, London 119cr. **Dreamstime.com:** Carol Buchanan / Cbpix: 66c; Jakub Cejpek / Jakupcejpek 85br; Torian Dixon / Mrincredible 130tr, 131tr, 131tc; Eric Isselee 101cl; Isselee 100cr, 186c, 186cr; Laumerle 46br; Mauhorng 152cr; Ollirg 62br; Pixworld 96br; Rosinka 12c; Wan Rosli Wan Othman / Rosliothman 116br, 117br; Darryn Schneider / Darryns 27br; Vladimir Seliverstov / Vladsilver 80tr; Staphy 57br; Jens Stolt / Jpsdk 77tl; Jan Martin Will / Freezingpictures 43bc, 81bl; Simone Winkler / Eyecatchlight 80tc; Yulia87 30–31 (background); Yykkaa 129cr. **FLPA:** Frans Lanting 69tl; Harri Taavetti 84–85cra. **Fotolia:** Andreas Altenburger / arrxxx 89cr; Kitch Bain 181tc; Beboy 22c; HD Connelly 104cra; DM7 62bl; dundanim 8bc, 10bc, 171bc; Eric Isselee 65bc, 218br, 219tl, 219cr, 219br; Pekka Jaakkola / Luminis 137tr; Valeriy Kalyuzhnyy / StarJumper 155br; Dariusz Kopestynski 113bl; Yahia Loukkal 203bl; Steve Lovegrove 87bl, 217bc; Kevin Moore 98c; Olena Pantiukh 69bl; Strezhnev Pavel 79tc; rolffimages 36bc, 92cr; Dario Sabljak 144tc, 164br; Silver 57tr; uwimages 67bc; Alex Vasilev 83bc. **Getty:** Tom Brakefield / Photodisc 80bc; Don Farrall / Digital Vision 67tl; Frank Krahmer / Photographer's Choice 85tl; MIXA 53tc; Photographer's Choice RF / Jon Boyes 170br; Rolling Earth 78; David Tipling / Digital Vision 81tc. **Getty Images:** Steve Bronstein 141bl; Don Farrall / Photodisc 59br, 89cl; Hulton Archive 127cra; Javier Fernández Sánchez 97tr; Michael & Patricia Fogden 96tl; Dave and Les Jacobs 138cl; Ingo Jezierski / Photodisc 112cl; Ralph Martin / BIA 97ca; Tse Hon Ning 155bc; Alastair Pollock Photography 97cb; Anup Shah 97c; Universal Images Group 126cb; Vladimir Zakharov 139cr; Peter Zelei Images 138cl/shard; zhuyongming 139c. **Philippe Giraud © Dorling Kindersley:** 4bc. **Ellen Howdon © Dorling Kindersley, Courtesy of Glasgow Museum:** 128bc. **iStockphoto.com:** id-work (194–195all); pop_jop 175 cla, 212–213 (UK, Sweden, Spain, USA, South Africa, Samoa, Uruguay, Tonga, China, Brazil, Australia, Canada, Cuba, Chile, Algeria, Argentina, Portugal, Malaysia, Netherlands, New Zeland, Morocco, Mexico, Nigeria Germany, South Korea, India, France, Japan, Denmark, Ecuador, Egypt, Fiji). **Kohn Pedersen Fox:** 139cl/Lotte. **Richard Leeney © Dorling Kindersley, Courtesy of Search and Rescue Hovercraft, Richmond, British Columbia:** 135bc. **David Malin © Anglo-Australian Observatory:** 16c. NASA: 14crb, 42bl, 141br, 141rl, 142bl, 143c, 143cb, 143br, 195tr. **Gary Ombler © Dorling Kindsersley, Courtesy of Cotswold Wildlife Park:** 211tc. **Gary Ombler © Dorling Kindersley, Courtesy of the Board of Trustees of the Royal Armouries:** 93bc. **Photolibrary:** Corbis 73cr, 105tr, 137tr; Photodisc / Photolink 141tl. **PunchStock:** Photodisc / Paul Souders 27br; Stockbyte 201cr. **James Stevenson © Dorling Kindersley, Courtesy of the National Maritime Museum, London:** 126cl.

Imagine coperta 1: Dorling Kindersley: Jerry Young bcr.

Toate celelalte imagini: © Dorling Kindersley
Pentru mai multe informații vezi: www.dkimages.com

DK ar dori să mulțumească:
lui Carrie Love pentru sprijin în redactare și corectură de text; lui Elinor Greenwood, lui Carrie Lewis și Andreei Mills pentru activitate editorială suplimentară; lui Martin Copeland, Laurei Evans, lui Rob Nun, Nishwan Rasool și Lee Thompson pentru ajutorul acordat în biblioteca de imagini.